探索未解的谜底

王子安◎主编

汕头大学出版社

图书在版编目（ＣＩＰ）数据

探索未解的谜底 / 王子安主编. -- 汕头 ： 汕头大
学出版社，2012.4（2024.1重印）
ISBN 978-7-5658-0678-0

Ⅰ. ①探… Ⅱ. ①王… Ⅲ. ①科学知识—普及读物
Ⅳ. ①Z228.2

中国版本图书馆CIP数据核字(2012)第057655号

探索未解的谜底

主　　编：王子安
责任编辑：胡开祥
责任技编：黄东生
封面设计：君阅天下
出版发行：汕头大学出版社
　　　　　广东省汕头市汕头大学内　　邮编：515063
电　　话：0754-82904613
印　　刷：唐山楠萍印务有限公司
开　　本：710mm×1000mm　1/16
印　　张：12
字　　数：70千字
版　　次：2012年4月第1版
印　　次：2024年1月第2次印刷
定　　价：55.00元
ISBN 978-7-5658-0678-0

前　言

　　青少年是我们国家未来的栋梁，是实现中华民族伟大复兴的主力军。一直以来，党和国家的领导人对青少年的健康成长教育都非常关心。对于青少年来说，他们正处于博学求知的黄金时期。除了认真学习课本上的知识外，他们还应该广泛吸收课外的知识。青少年所具备的科学素质和他们对待科学的态度，对国家的未来将会产生深远的影响。因此，对青少年开展必要的科学普及教育是极为必要的。这不仅可以丰富他们的学习生活、增加他们的想象力和逆向思维能力，而且可以开阔他们的眼界、提高他们的知识面和创新精神。

　　《探索未解的谜底》一书即精心选辑了一些至今未解的谜案，如遗留千年的金字塔和狮身人面像之谜、埃及艳后死亡之谜，还有引人深思的自然现象之谜、动植物之谜和神奇的建筑之谜等，这些谜底至今依然召唤着孜孜不倦的探险者。

　　本书属于"科普·教育"类读物，文字语言通俗易懂，给予读者一般性的、基础性的科学知识，其读者对象是具有一定文化知识程度与教育水平的青少年。书中采用了文学性、趣味性、科普性、艺术性、文化性相结合的语言文字与内容编排，是文化性与科学性、自然性与人文性相融合的科普读物。

此外，本书为了迎合广大青少年读者的阅读兴趣，还配有相应的图文解说与介绍，再加上简约、独具一格的版式设计，以及多元素色彩的内容编排，使本书的内容更加生动化、更有吸引力，使本来生趣盎然的知识内容变得更加新鲜亮丽，从而提高了读者在阅读时的感官效果。

尽管本书在编写过程中力求精益求精，但是由于编者水平与时间的有限、仓促，使得本书难免会存在一些不足之处，敬请广大青少年读者予以见谅，并给予批评。希望本书能够成为广大青少年读者成长的良师益友，并使青少年读者的思想能够得到一定程度上的升华。

2012年3月

目 contents 录

第一章　世界历史迷雾

第二章　千古之谜

第一章

世界历史迷雾

世界历史是历史学的一门重要分支学科，它主要以世界全局的观点，综合考察各地区、各国、各民族的历史，运用相关学科的成果，研究人类历史的演变过程，进而揭示人类历史演变的规律和发展方向。关于世界历史的时期划分，直到今天还没有完全统一的意见。文艺复兴时，西方史学界把历史分为"古代""中世纪"和"近代"三个时期，这种分法长期沿用。还有相当一部分史学家在三时期之后加上"当代"或"现代"，从而形成四阶段分期法。马克思主义历史学家也采用四阶段分期法，它们对世界史的分期，通常认为"古代"相当于原始社会及奴隶社会阶段，"中世纪"相当于封建社会阶段，"近代"相当于资本主义社会阶段，而"现代"则是指以俄国十月革命为开端的一个新时期。

在世界历史上，有过让人叹为观止的四大文明古国，它们是世界古代历史上最早进入文明社会的四个国家。依顺序分别为古巴比伦、古埃及、中国、古印度。人类今天所拥有的哲学、科学、文学、艺术等方面的丰富知识，全都源自于它们的古典文明。世界历史上还有许多人们至今无法揭破的谜题，比如神秘的小河墓地、拿破仑的死亡真相、人类历史上最严重的黑死病瘟疫以及埃及艳后的离奇死亡等等都让人至今迷惑不解。在这一章里，就让我们一起走进神秘的历史世界里去看一看。

彼得大帝"遗嘱"之谜

彼得大帝是俄国历史上最有作为的沙皇之一。他生于1672年，10岁即位，17岁的时候就已控制朝政。彼得大帝是一个雄才大略的君主，在他执政期间，为俄罗斯帝国建立了无数的丰功伟绩。17世纪时，俄国还是一个远离海洋的内陆国家。彼得大帝代表了俄国农奴主和新兴商人的利益，要求夺取出海口，开辟新市场。于是，在他上台以后，就立即着手制定了征服世界的蓝图。为此，彼得大帝发动了北方大战，经过21年的战争，最终战胜了瑞典并夺取了波罗的海的出海口。然后他又与波斯一决雌雄，获得里海沿岸一带。此外，他还瓦解了波兰武装力量，两次对土耳其作战。1712年，彼得下令将沙皇的宝座由莫斯科移至彼得堡，窥视整个欧洲。彼得还命令俄国海军总司令阿普拉克辛找到一条经北冰洋到中国和印度的航线。他用尽毕生之力，最终使沙皇俄国从一个完全的陆地国家变成了一个濒海帝国。

1836年，一个名叫德奥的法国人出版了一本回忆录。在这本回忆录里，德奥首次披露了一份震惊世人的《彼得大帝统治欧洲的计划》，轰动一时。这份《计划》也被人称为《彼得大帝遗嘱》，正文部分有14条。内容分别为：一、俄国长期保持战争状态；二、罗致各种人才；三、积极参与欧洲事务；四、瓜分波兰；五、征服瑞典；六、王室联姻；七、与英国结盟通商；八、沿黑海、波罗的海向南北扩张；九、挺进君士坦丁堡与印度；十、对奥地利行使其种保护；十一、挑动奥地利与欧洲各大国作战；十二、全面统治希腊；十三、利用法、奥中的一个制服另一个；十四，征服日耳曼和法国。

由此可见，沙俄妄想通过称霸欧洲进而征服整个世界。对此，许多国家表示密切关注，《遗嘱》也先后被译成多种文字出版。但是，《遗嘱》究竟是真是假？这才是许多国家关注的热点。

在回忆录中，德奥详细描述了他窃取《遗嘱》的经过。德奥是法国机要局成员，奉命打入俄国宫廷窃取情报。当时的俄国，由彼得一世的女儿叶丽萨维塔·彼得罗夫娜（即伊丽莎白）雄踞沙皇宝座。伊丽莎白非常荒淫无耻，她在宫廷

里豢养了一批供她随时玩乐的"面首"。为了投其所好，德奥也成了她的"面首"。就是凭借这样的身份，德奥不仅可以任意出入宫廷，还可以随便翻阅历代沙皇绝密档案，这些都为他的情报工作提供了极大的方便。一次，在圣彼得堡城郊的沙皇夏宫里，德奥在堆积如山的档案中意外地发现《彼得大帝统治欧洲的计划》。他阅读后，深知《计划》的价值，于是将全文完整抄录。1757年，德奥将抄件全文呈递法国国王路易十五，引起法国政府的重视。德奥的回忆并不是他自己捏造，他的确曾经奉命打入沙俄宫廷充当过间谍，完全有可能获悉沙俄宫廷内部的绝密消息。更为重要的是，在德奥将《彼得大帝统治欧洲的计划》呈递法国国王42年后，一个流亡法国的波兰将军索科尔斯基向法国执政府提交了一份据称从沙俄档案中发现的《俄罗斯扩张计划概要》，内容竟与德奥的抄件完全相同。如此一来，《遗嘱》的真实性几乎毋庸置疑。

但是，最有权威的前苏联历

史专家却断然否定《遗嘱》的存在，认为《遗嘱》纯属伪造。对于流传世间的种种传闻，也表示不屑一谈，不值一提。还有许多曾经关注过《遗嘱》的国家，在经过长年考证以后，也认为《遗嘱》纯属伪造。

据史料记载，1724年的冬天，沙皇彼得一世在巡视芬兰湾后就突发肺炎，一病不起。第二年1月7日下午，彼得在弥留之际，也仅是勉强写下"将一切传给"几个字后便无法再提笔。彼得令仆人传唤公主，拟口授遗嘱。可是等到公主来到榻前时，他已昏迷不醒，直至1月8日凌晨死去之时也没再开口说

一个字。实际上，彼得既没有留下书面遗嘱，也没有留下口头遗嘱，甚至连继位的遗嘱也没有留下，所谓《彼得大帝遗嘱》有头有尾、有条不紊、读之成章、顺之成理，是绝无可能的事。

从《遗嘱》的发现经过看，高度机密的国家文件竟会夹在一堆一般的档案里，这无法不令人怀疑。而且，依据德奥提供的线索，有关人员在沙俄档案中没有检索到所谓《遗嘱》原件。此外，从《遗嘱》的内容来看，全文的表述方式过于露骨，也令人怀疑。

关于《遗嘱》的起草与修改时间，各种文本说法不一。刘存厚同

志在《百科知识》上撰文说："根据以上分析，我们毋宁相信，所谓《彼得大帝遗嘱》，并非出自彼得一世本人之手，而是他人的杜撰"。那么，究竟谁是《遗嘱》的杜撰者呢？专家们认为，只能是德奥本人。德奥出于邀功的目的，杜撰了《遗嘱》。流传于世以后，法国、波兰、土耳其等国的一些人可能又进行过加工和补充。至于前文中提到的波兰将军索科尔斯基发现的《俄罗斯扩张计划概要》，或许是与德奥不谋而合，或许另有幕后戏。

专家们认为，虽然《遗嘱》的文字是杜撰，但内容完全可能是真事。因为从彼得大帝一生的所作所为来看，与《遗嘱》非常吻合。但是，德奥将该抄录件呈献给法王路易十五，对于这样一份极具价值的文件，路易十五当时居然没有把它公诸于世，直到德奥回忆录的出版，才使它为世人瞩目，可是当事人却已不在，只给后人留下了无尽的猜想。

路易十五

芬兰湾的夕阳

科学百花园

世界十大帝王（一）

（1）彼得大帝

彼得大帝是俄国最杰出的沙皇。他制定的西方化政策是使俄国变成一个列强国的主要因素。彼得大帝并不单单是一个顺乎潮流的君主，而是一位站在时代前列的人。正是他的先见之明使历史发生了变化，改变了方向，沿着一条新道路发展。

（2）亚历山大大帝

亚历山大大帝是欧洲历史上最伟大的军事天才，马其顿帝国最负盛名的征服者。他雄才伟略，勇于善战，领军驰骋欧亚非大陆，创下了前无古人的辉煌业绩。

彼得大帝

亚历山大大帝雕像

（3）秦始皇

秦始皇是首位完成中国统一的秦王朝的开国皇帝。公元前247年，即秦始皇13岁时即王位，公元前238年正式登基"亲理朝政"，39岁终于完成了统一中国的历史大业。

（4）查理大帝

查理大帝是查理帝国的创建者。768年，查理大帝成为了法兰克人的国王，并展开他英明的统治。他的重要之处，是他超越了神圣罗马帝国的版图和世界。

（5）汉谟拉比

汉谟拉比是第一部成文法典《汉谟拉比法典》的创立者，公元前1792～1750年在位。在汉谟拉比领导下，古巴比伦王国一跃成为囊括整个两河流域的帝国。

小河墓地之谜

小河墓地最初由罗布猎人奥尔德克在1910至1911年间发现，但

是真正让其闻名世界的却是瑞典考古学者贝格曼。他在小河墓地发现了他认为是"世界上保存最完好的木乃伊"，并与1939年发表了《新疆考古研究》一书，对他在小河流域考古调查及发掘进行了详细的介绍。小河墓地宏大的规模、奇特的葬制、以及所蕴含的丰富的罗布泊早期文明的信息，引起了世界各地学者的广泛关注。可是在贝格曼考察小河后，一直到20世纪末60多年间，再无任何后继者能抵达，小河墓地也从此失去了踪影。

随着贝格曼著述的汉译本《新疆考古记》的翻译出版，中国学者也开始在罗布沙漠中寻找小河墓地的踪影。2000年12月11日，新疆

文物考古研究所王炳华研究员随深圳大唐影视广告公司组织的《中国西域大漠行》摄制组，借助地球卫星定位仪（GPS）进入罗布沙漠，终于再次找到小河墓地。2002年，经国家文物局正式批准，新疆文物考古研究所组成小河墓地考古队，由所长伊弟利斯·阿不都热苏勒研究员担任队长。于当年12月抵达小河地区，对小河墓地及周边遗址进行了为期一个月规范的考古调查和小范围的试掘。2003年10月，国家文物局批准启动小河墓地全面发掘项目，伊弟利斯·阿不都热苏勒研究员组队进行了为期三个月的田野发掘。因沙漠中风沙肆虐，2004年春夏期间暂停发掘工作，只留下保护人员看守。2004年9月下旬，伊弟利斯·阿不都热苏勒将再次组队前往罗布沙漠继续发掘工作。

（1）世界上出土干尸最多的墓葬

小河墓地位于罗布泊地区孔雀河下游河谷南约60千米的罗布沙漠中，东距楼兰古城遗址175千米，西南距阿拉干镇36千米。墓地整体由数层上下叠压的墓葬及其它遗

存构成，是平缓的沙漠中突兀而起的一个椭圆形沙山。沙山高出地表7.75米，面积2500平方米。发掘前，沙山表面矗立着各类木柱140根，在墓地中部和墓地的西端各有一排保存较好的大体上呈南北走向的木栅墙，以中部的木栅墙为界可将墓地分为东西两区。整个墓地犹如一只插满了筷子的馒头。根据考古学家的发掘，发现墓葬33座，其中成人墓25座、儿童墓8座，获服饰保存完好的干尸15具、男性木尸1具、罕见的干尸与木尸相结合的尸体1具，此外还发现两组重要的祭祀遗存，发掘和采集文物近千件，不少文物举世罕见。

（2）神秘夸张的生殖崇拜

小河墓地的外观是沙山上密密麻麻矗立着多棱形、圆形、桨形的胡杨木柱。这些木柱大约有140多根，高出地表2至4米，直径多为20厘米以上，多棱柱从6棱体到20棱，尤以9棱居多。墓葬头部的立柱形状根据死者的性别而不同，男性死者棺木前部的立柱是桨形的，大小差别很大，其上涂黑，柄部涂红；女性死者棺木前部的立柱基本是呈多棱形、上粗下细，高度一般在1.3～1.5米左右，上部涂红，缠以毛绳。卵圆形立柱象征男根，桨形立柱象征女阴，这种指向毫无例外。目前发掘出的最大"男根"矗立在墓地的中央，高出地表187厘米，顶部呈尖锥状，通体被涂成红色,上端线条浑圆,中段被雕成9棱形。这根木柱立在一个年长妇人棺木头部的位置。这位妇人的尸体保存完好,面庞看起来很瘦削。考古学家认为这是一位身份显赫的人物。

（3）奇特的葬制

死者躺在沙地上,木棺像倒扣在岸上的木船,将死者罩在其中。小河墓地出土的这种奇异墓葬引起了考古学者强烈的兴趣。根据发掘的保存着原始状态的墓葬,可以推断当时墓葬的埋葬过程。先挖沙坑,然后将包裹好的死者放在适当的位置,再依次拼合棺木,覆盖盖板、牛皮,继而在木棺前后栽竖立木、木柱,最后在墓坑中填沙,继而堆沙。棺前象征男根和女阴的立木大部分被掩埋,棺木前端的高大木柱上端则露出当时的墓葬地表,成为明显的墓葬标志物。迄今为止,在小河墓地所见木棺形制基本统一,发现没有被搅扰过的棺木都呈现出这种特点。

（4）独特的随葬品

让人惊奇的是,木棺中沉睡的逝者只带着简单的随葬品。除随身的衣帽、项饰、腕饰外,每个墓里必有一个草编的小篓,小篓用植物的茎杆、根茎纤维密实绞编而成,

有鼓腹形、圆柱状，有圆底、尖底，形态各异。每只小篓上都有提梁，提示着小篓始终提在小河人的手上。当年的人们巧妙地利用草的不同光泽和质地，编出明暗相间

而草、木、皮、毛可能是当年这里生活的主要依赖。除了棺木、形状独特的木柱、木质的人像雕塑，这里出土的木器还包括用红柳枝制作的冥弓，将红柳杆削尖插入芦苇杆

的三角纹、阶梯纹。最为神奇的是这些最易腐朽的草编，却历经几千年而崭新如初。小篓内通常都有麦粒、粟粒等干结的食物。此外，发掘显示那时候青铜已经出现，但似乎并没成为人们日常使用的工具或器皿，它可能是一种饰物，或者因某种象征意义而镶嵌在木制品上，

制成的箭，红柳枝做的木别针，木梳、木祖、木雕人面像等。

（5）古老的历史

小河墓地规模宏大，从形成到最终废弃，应延续了较长时间。从棺木形制、死者裹尸斗篷、随葬的草编篓、麻黄枝等文化因素分析，小河墓地与1979年在孔雀河北岸发

掘的古墓沟第一类型墓葬、1980年在罗布泊北发掘的铁板河墓葬有不少共性。考虑到小河墓地采集毛织物（最上层遗物）大多数较古墓沟织物精细、致密，并出现了缂织花纹的技术，出土的草编篓花纹亦比古墓沟草编篓花纹繁缛，专家初步推断小河墓地年代的下限晚于古墓沟第一类型墓葬的年代，而上限有可能与之相当或更早。贝格曼在1939年发表的《新疆考古研究》中大致推断小河墓地的年代"早于中国统治楼兰王国时期"，即公元2至3世纪。他认为墓地所属文化等同于斯文·赫定在罗布泊西北发现的36号墓、斯坦因在孔雀河北岸发现的LT、LS，在罗布泊西北附近发现的LF、LQ墓葬。这些墓葬具有典型的土著特征，互相之间存在着年代上的差异，而小河墓地应该比罗布泊其它土著墓葬更为古老。目前，考古队已经在墓地提取了不同墓葬层

里来？那些把木柱加工成多棱体的工具是什么？在哪儿？所有的墓地遗址都应在居民遗址附近，而墓地却在没有人烟的荒漠深处，附近迄今也没有发现任何居民遗址，为什么？随之而来的是人们怎样才能在荒漠深处修建如此规模的墓地，人们怎样运输，从何运输修建墓地的材料和遗体？这一连串的疑问至今还在困扰着考古专家，相信不久的将来，这个谜底一定会被揭开。

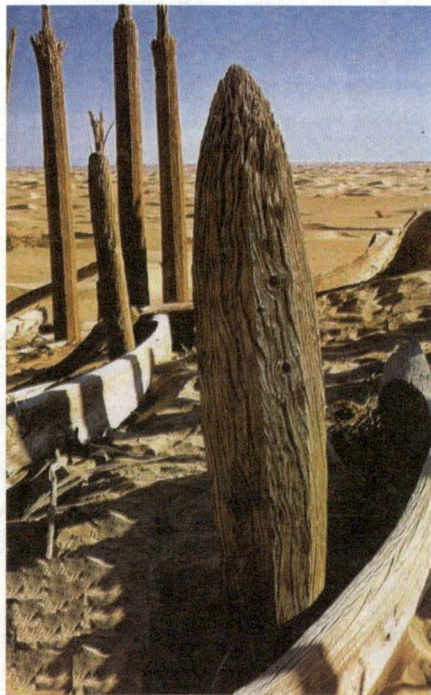

的标本做碳14测定，确认小河墓地存在的时代，同时结合对墓葬遗存的分析，将有助于了解远古罗布泊居民物质、精神文化的众多信息。

（6）难解的谜团

小河墓地高出地表7.75米，面积2500平方米。经过初步的发掘：墓地整体由数层上下叠压的墓葬及其它遗存构成。墓葬为何要层层叠压？那些胡杨木柱有多棱形、圆形、船桨形，多棱的从6棱到20棱，这些形状、数字有什么深意？这些木柱被涂成红色，为什么？木柱上刻着的横向装饰纹又代表什么？周围都是沙漠，为什么这里出现一个墓地？这些大量的木柱从哪

科学百花园

侵华日军秘密隧道

哈尔滨市发现一条侵华日军秘密隧道，它一面通向已被炸毁的"忠灵塔"，一面通向日军"731部队"所在地。这条隧道呈拱形，宽约2米，高约2.5米，水泥地面。沿隧道朝西走约200米就到了所谓的"忠灵塔"，向东走约2小时，就可到达原侵华日军"731部队"所在地的细菌实验基地"义发源"。据了解，隧道通向"忠灵塔"可能是侵华日军为了便于随时祭拜和举行效忠天皇仪式，通向"731"细菌实验基地是侵华日军为了进行杀人实验。

南美秘密隧道

在南美发现一个秘密的隧道系统。这个隧道系统的秘密入口处由印第安人的一个部落把守，一直通向250米深的地下。隧道内壁光洁平滑，顶部平坦。其中有几处宽阔的厅洞，竟有喷气客机停机库那么巨大。在一处宽153米、长164米的大厅中，放着一张桌子，7把椅子。这些桌椅不知用何种材料制成，像石头又不冰冷，像塑料却坚硬如钢。

拿破仑死因之谜

拿破仑是法兰西第一帝国和百日王朝皇帝，法国资产阶级政治家和军事家。滑铁卢战役失败后，他被流放于圣赫勒拿岛。1821年5月5日17时49分，他长眠于此，享年51岁。一百多年以来，关于拿破仑的死因一直争论不休：有的说他死于胃癌，有的则说他是被毒死的。直到现在，拿破仑的死因也还是扑朔迷离。

20世纪60年代，美国联邦调查局和法国巴斯特大学用拿破仑的头发进行检验分析，发现含有大量的砒霜，这一点发现支持了拿破仑被下毒的说法。拿破仑死后，他的私人医生弗兰斯西科·安东马奇对其尸体进行了解剖，当时一同在场观看的还有5位英国医生。经过解剖

后他们得出的结论是：他死于胃癌并发症。但是，在20世纪60年代，一位名叫斯滕·富尔舒沃德的瑞典牙医曾读到拿破仑的仆人路易·马尔尚的回忆录。从回忆录中他了解到，拿破仑在被流放期间经常忍受慢性疼痛，他当时就怀疑拿破仑是因慢性中毒而死。拿破仑的继承人保留下来这位君主的一些头发，专家找到了这些头发，并将其中的几根送到英国哈威尔的核化验室进行化验。结果表明，拿破仑头发中的砷含量很高，超过正常人的20倍甚至30倍，只有长时间的慢性砷中毒才会达到如此高的指标。砷是一种有毒的化学元素，它的化合物三氧化二砷是剧烈的毒药砒霜。可是，拿破仑一直都是个非常谨慎的人，他怎么会轻易中毒呢？而且究竟是谁下的毒？

2002年10月，应法国《科学与生活》杂志的邀请，法国3位权威人士：巴黎警察局毒物学实验室负责人里科代尔、法国奥赛电磁辐射使用实验室专家舍瓦利耶，以及巴黎原子能委员会凝聚态、原子、分子研究所专家梅耶尔利用同步加速器射线对拿破仑遗留下来的头发进行了细致分析，结果断定：拿破仑确实死于胃癌，而不是有关专家推测的砒霜中毒。据介绍，这些头发共有19绺，有的是在拿破仑死后从其尸体上取下来的，有的是在拿破仑在世时保留下来的。3位专家对每绺头发都进行

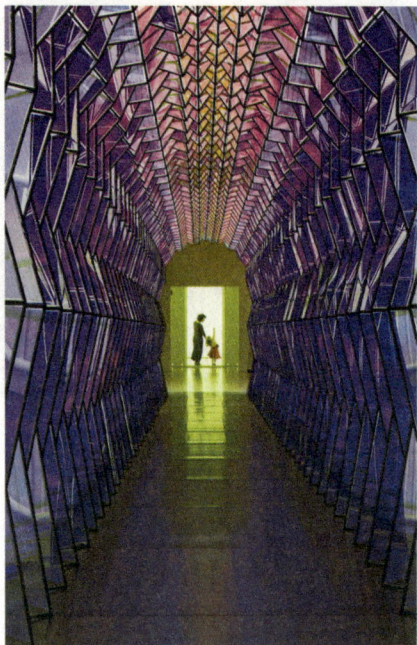

了上百次的测量，对每根头发的测量间距甚至精细到0.5毫米。结果显示：无论是在1821年拿破仑死后取下的头发里，还是拿破仑在世时保留下来的头发里，砒霜的含量都超出正常值许多倍。专家们由此断定，拿破仑不是死于砒霜中毒，因为这些头发的取留时间相距16年，而在长达16年的时间里，这些头发中的砒霜含量几乎一致，并均匀分布在整根头发上，这表明头发上的砒霜不是

拿破仑摄食到体内的，它们来自外部环境。对此，专家们推测可能是来自以木材取暖、放置老鼠药、摆弄含砒霜的子弹等，而最可能的是来自某种防腐剂，因为在19世纪时，法国非常流行用砒霜保存头发。

20世纪60年代，瑞士巴塞尔大学医院的解剖病理学专家艾利桑德罗·鲁格里领导的小组，与苏黎世大学医学史研究所合作，通过对拿破仑不同时期12条裤子腰围尺寸进行研究后断定，拿破仑的确是死于胃癌。瑞士科学家们测量了这些裤子的腰围，然后又研究了一些活着的胃癌病人的腰围变化，结果发现，拿破仑的

腰围变化和胃癌病人的腰围变化完全一致。拿破仑穿的最大号裤子腰围尺寸是110厘米，而在他1821年去世前，他穿的裤子腰围已缩小到了98厘米。一位名叫科斯坦的专家在研究了拿破仑生前的病历后认为，拿破仑死于胃癌无疑。据病历中记载，拿破仑死前上腹部剧痛难忍，打嗝呼出的气味非常难闻。科斯坦说，这些症状很像胃癌病人。这位专家还详细分析了验尸报告。据悉，报告中暗示，医生在拿破仑体内发现了一个胃瘤，这就是胃癌最有力的证据。

2004年，美国旧金山法医检验部的法医病理学家史蒂文·卡奇推断拿破仑死于一名庸医导致的灌肠医疗事故。卡奇认为，拿破仑生前出现胃部不适及肠痉挛等症状，而他的医生天天用灌肠的方法缓解症状，导致拿破仑体内水电解质平衡紊乱，引起心律失常从而死亡。然而，支持胃癌说的人还是占据多数。这一派的人最有力的论据是：拿破仑的祖父、父亲与三个妹妹都死于胃癌，这引起了医学界对胃癌遗传性的关注。专家介绍，胃癌的遗传性主要体现在两个方面。第一，存在着纯遗传性的胃癌，也就是说由父母等直系亲属传给下一代的。第二，胃癌的遗传性更多的是体现在遗传物质上，它不同于遗传病，父母有就一定会传给下一代。近年

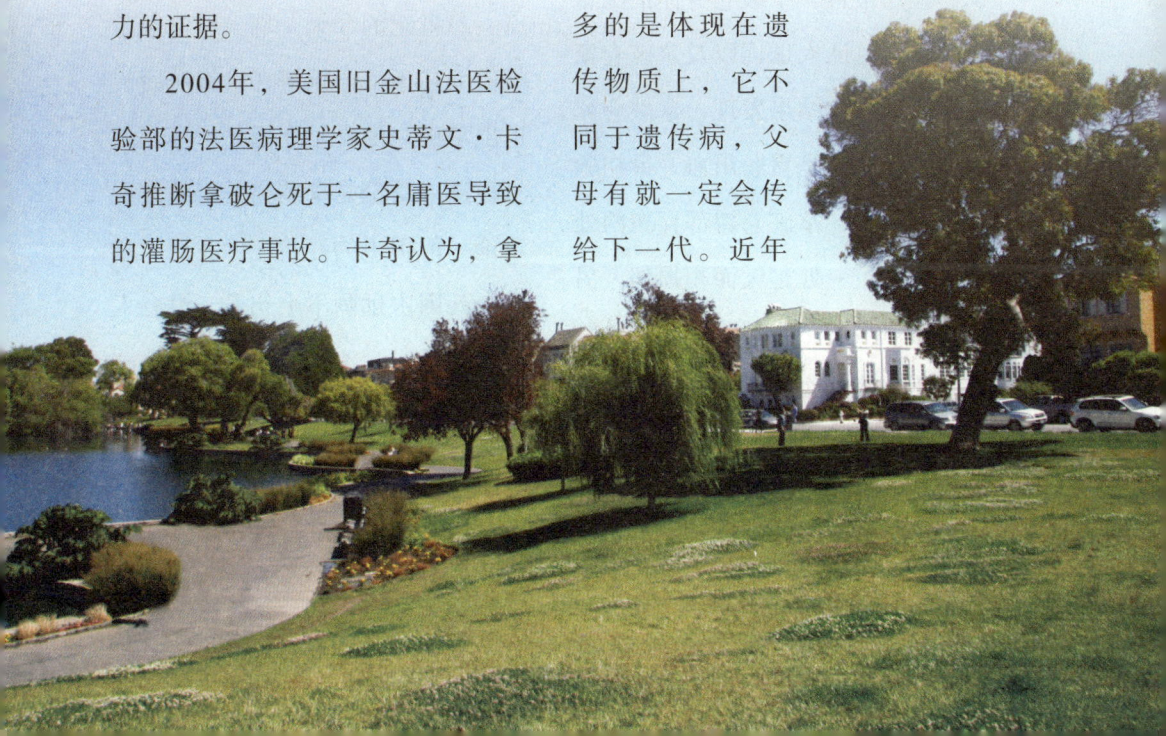

拿破仑

50名良性胃溃疡患者和50名胃癌患者的胃部损伤做了对比。他们认为，拿破仑的胃损伤是癌性的。科学家认为，拿破仑死前不仅罹患胃癌，病情还非常严重，癌细胞已经扩散到其他器官。虽然拿破仑的父亲也是死于胃癌，但是科学家认为，拿破仑本人的胃癌并不是由遗传因素造成，而极有可能是由胃溃疡造成的细菌感染引起。

关于拿破仑的死因，直到现在也还没有"最后定论"，伟大人物的死，总会受到众人的关注。拿破仑的死因，更是人们长期关注的焦点。21世纪的今天，瑞士科学家希望借助12条裤子重解19世纪谜团，道出拿破仑的真正死因是胃癌，并号称这一结论是拿破仑死因的最后定论。但历史的经验告诉我们，拿破仑死因永远画不上句号，没有人相信"最后定论"这种说法。拿破仑的死因已经成了个永远也研究不完的课题。希望在不久的将来，这个谜题能被科学家们揭破。

来，科学家结合研究了现代医学知识、验尸报告、拿破仑身体情况备忘录、当时证人证词以及拿破仑家庭医疗记录。结果发现，拿破仑死亡的直接原因是胃肠出血。最初验尸报告指出，拿破仑胃部存在两处溃疡损伤：一处是大面积损伤，另一处损伤则已穿过胃壁、触及肝脏。研究第一作者、美国得克萨斯大学西南医学中心的罗伯特·金塔和他的同事把拿破仑的胃部损伤与

科学百花园

世界十大帝王（二）

（1）拿破仑

拿破仑·波拿巴，法兰西第一帝国及百日王朝的皇帝、军事家、政治家，曾经占领过西欧和中欧的大部分领土。他是法兰西共和国近代史上著名的军事家和政治家。

（2）君士坦丁大帝

君士坦丁大帝是第一位信仰基督教的君主，实际上，即使在甚少基督徒的中国，也不知不觉地接受了许多基督教的影响，如公元纪年、星期日、一夫一妻、圣诞节、普世精神、忏悔和感恩精神等。

（3）居鲁士大帝

居鲁士大帝是古代波斯帝国的缔造者。他以其一生不断的征战、征服和他对被征服者的宽容而在历史上留下浓重的印记。

君士坦丁大帝头像

（4）屋大维

盖乌斯·屋大维，被尊称为"奥古斯都"，是罗马帝国的开国君主。他结束了一个世纪的内战，使罗马帝国进入了相当长的一段和平、繁荣的辉煌时期。

（5）成吉思汗

成吉思汗名铁木真，是蒙古历史上的杰出政治家、军事家。公元1206年，被推举为蒙古帝国的大汗，统一蒙古高原各部落。在位期间，他多次发动征服战争，征服地域西达黑海海滨，东括几乎整个东亚，建立了世界历史上著名的横跨欧亚两洲的大帝国之一。

黑死病劫难之谜

黑死病是人类历史上最严重的瘟疫之一，它起源于亚洲西南部，约在1348年开始在欧洲各地扩散。据我国有关资料记载：14世纪，鼠疫大流行，当时被称为"黑死病"，流行于整个亚洲、欧洲和非洲北部，中国也有流行。在欧洲，黑死病猖獗了3个世纪，夺去了2500万余人的生命。黑死病的一种症状，就是患者的皮肤上会出现许多黑斑，因此人们把这种特殊瘟疫叫做"黑死病"。"黑死病"患者身上会出现大块黑色而疼痛并且会渗出血液和浓汁的肿瘤。受感染的人会高烧不退且精神错乱。很多人在感染后的四十八小时内就死掉，但亦有少数人能够抵抗这个传染病和存活下来。"黑死病"究竟是如何产生的呢？至今为

止仍是一个谜。

一种说法认为黑死病的大爆与中世纪欧洲大量的屠杀所谓女巫有关，因为当时普遍信仰宗教的欧洲人认为猫是女巫的宠物和助手，所以猫被大量的消灭，以至于在当时

相当长的一段时间内猫在欧洲绝迹。黑死病可能是一种淋巴腺肿的瘟疫，这种由细菌引起的传染病，在今天仍然被发现而且同样危险。这种病菌是由跳蚤的唾液所携带，带疫的跳蚤可能是先吸到受到感染的老鼠血液，等老鼠死后，再跳到人体身上，透过血液把细菌传染到寄生主的体内。印度鼠身上的蚤，是致命的瘟疫或称

"黑死病"的传播者。

还有一种说法认为是由彗星撞地球而引发的黑死病大饥荒。公元6世纪，地球上曾经发生过一次大灾难。灾难使得地球上的农业被完全毁

灭，全球爆发了一次灾难性的大饥荒，并最后引发了那场在欧洲大地肆虐、让人们谈之色变的黑死病。经过科学家的不断探索研究，最后终于找到了那场大灾难的根源：祸起与地球相撞的一颗小彗星！利用1994年从木星上形成的彗星撞击点上取得的信息，彗星撞地球之后，灰尘就会在巨大的冲击力的作用下，在空气中四处传播，并很快笼罩全球。而这个时期正好与传染病在欧洲的流行时期巧合。当时欧洲在东罗马帝国的统治之下，人们相信那是黑死病第一次在欧洲出现。缺少阳光的照射，地球上的生物无法进行光合作用，因此普遍欠收，这在生产力不发达的当时给很多人带来了衣食之忧。由于很多饿死的人尸体流落街头，再加上人们都食不果腹，身体对疾病的抵抗力很弱，因此黑死病立即在欧洲大陆传播开来。

科学百花园

瘟疫之村

英格兰德比郡的小村亚姆有一个别号，叫"瘟疫之村"。但这个称呼并非耻辱，而是一种荣耀。1665年9月初，村里的裁缝收到了一包从伦敦寄来的布料，4天后他死了。月底又有5人死亡，人们这才发现原来衣料中混入了带着鼠疫病菌的跳蚤。但为了不祸害其他地区，村民们自发进行了隔离，不让外人进入，里面的人也不能出去。附近地区的瘟疫渐渐得到了控制，但亚姆村民为此做出了巨大的牺牲，在瘟疫肆虐长达一年多的时间，全村350多人有260多人死于瘟疫。

赤壁古战场之谜

"二龙争战决雌雄，赤壁楼船扫地空。烈火张天照云海，周瑜于此破曹公。"唐代大诗人李白曾经用这样的诗句描绘过那场著名的赤壁之战。据记载，东汉建安十三年冬，曹操亲率20万大军进攻东吴。孙权在诸葛亮的说服下，与刘备联合作战。孙刘联军利用曹军不善水战之短，利用火攻大破曹军。这次战役，孙刘联军以少胜多，智取强敌，为魏、蜀、吴三国鼎立局面的形成，起到了决定性的作用。这样

著名的战场，自然是文人雅士们吟咏感怀的对象。然而，让人奇怪的是，古战场赤壁的具体位置，竟也莫衷一是。

唐代诗人杜牧有一首名诗《赤壁》曰："折戟沉沙铁未销，自将磨洗认前朝。东风不予周朗便，铜雀春深锁二乔。"在诗里，作者把黄冈城外的赤鼻矶视为赤壁古战场。北宋苏东坡被贬到黄州任团练副使时，也曾经误认为黄州赤鼻矶为赤壁，因为此地岩壁垂直，一片

红色，宛若烈火烧过一样。因此，苏轼在这里也写下了传诵千古的《赤壁赋》和《赤壁怀古》词。词中写道："故垒西边，人道是三国周郎赤壁。"后人便称黄冈赤鼻矶为文赤壁。然而，谁都知道这里并不是真正的古战场。因为赤鼻矶的地理位置既不在樊江上游，又不在大江之南，与史书所载完全不同。那么，武赤壁，也就是真正的赤壁古战场在哪儿呢？

一种看法认为，赤壁在今湖北嘉鱼县东北，王力主编的《古代汉语》和朱东润主编的《中国历代文学作品选》，都持这种观点。如上溯此说之源，有《大清一统志》引据《水经注》为证。《水经注》曰："赤壁山在百人山南，应在嘉鱼县东北，与江夏接界处，上去乌林二百里。"此说后来为清末著名地理学家杨守敬所首肯。

另一种看法认为，赤壁应在湖北蒲圻县西北。阴法鲁主编的《古文观止译注》中写道："那个赤壁，在今湖北省蒲圻县西北，长江南岸。"《元和郡县图志》亦称："赤壁山在蒲圻县西一百二十里，北临大江，其北岸即乌林，即周瑜用黄盖策，焚曹公舟船败走处。"胡三省著的《资治通鉴》也同意这种说法。

那么，到底这两种说法哪一种更切合实际呢？大多数人偏向于"蒲圻县西北"这种说法。这不仅因为《元和郡县图志》的作者李吉甫生活的年代与赤壁之战的年代较接近，而且蒲圻的赤壁，陆续有大

批的器物被发掘出来，从而证实了这里是真正的古战场。据南朝盛宏之《荆州记》记载：刘宋元嘉年间，在赤壁已发掘了曾参与赤壁之战的东吴大将吕蒙之墓，"墓中有一髑髅极大，蒙形长伟，即蒙髑髅也。"另据《南史·宋书·符瑞志》载：刘宋大明七年，蒲圻出铜路鼓，"独足四面"。南宋诗人谢枋得在《赤壁诗序》中说："予自江夏溯洞庭，舟过蒲圻，见石崖有赤壁二字，因登岸访问父老曰："乌林有烈火岗，上有周公瑾庙地

今土人耕地得箭镞，长尺余，或得断枪折戟，其为周瑜破曹军处无疑。"在赤壁对岸的乌林，1973年出土了东汉晚期的铜马镫一件，印有东汉献帝"建安八年"的瓦砚一台，并有东汉铜镜、陶瓷器和箭镞等。1976年，在赤壁山下一米多深的土层中发现沉船上的铁环、铁钉、东汉铜镜等物。同年，又在赤壁山上发现铜、铁、玉带钩各一件。1977年在赤壁山和南屏山各发现一枚传令旗上的三棱形镂孔铜镞。1987年3月7日，在赤壁金鸾山坡一座东吴砖室墓中，发现诸葛亮设计制造的铜弩机一件，同时还发现东汉五铢钱和规矩星纹铜镜，同年4月9日在同一地方，又发掘出东吴都尉武官陈文和墓，墓中出土一件更好的铜弩机，上有射程表尺，有铭文，还出土钢剑一柄、草叶纹镜一面，"大泉当千"一枚及青瓷器等37件文物。通过发掘出来的这些遗物，基本可以断定，这里才是真正的赤壁古战场。

《念奴娇·赤壁怀古》

苏 轼

大江东去，浪淘尽，千古风流人物。故垒西边，人道是：三国周郎赤壁。乱石穿空，惊涛拍岸，卷起千堆雪。
江山如画，一时多少豪杰。 遥想公瑾当年，小乔初嫁了，雄姿英发。羽扇纶巾，谈笑间，樯橹灰飞烟灭。 故国神游，多情应笑我，早生华发。人生如梦，一尊还酹江月。

《满江红·赤壁怀古》

戴复古

赤壁矶头，一番过、一番怀古。想当时、周郎年少，气吞区宇。万骑临江貔虎噪，千艘列炬鱼龙怒。卷长波、一鼓困曹瞒，今如许。江上渡，江边路。形胜地，兴亡处。览遗踪，胜读史书言语。几度东风吹世换，千年往事随潮去。问道傍、杨柳为谁春，摇金缕。

埃及艳后死亡之谜

　　埃及女皇克丽奥佩特拉七世是古埃及托勒密王朝的最后一任法老。她才貌出众、聪颖机智、擅长手腕、心怀叵测、一生富有戏剧性。特别是卷入罗马共和末期的政治漩涡，同恺撒、安东尼关系密切，并伴以种种传闻逸事。克丽奥佩特拉在古埃及可以说是一位焦点人物，在后人的记述里，这位埃及绝世佳人凭借其倾国倾城的姿色，不但暂时保全了一个王朝，而且使强大的罗马帝国的君王纷纷拜倒在其石榴裙下，心甘情愿地为其效劳卖命。

　　公元前51年，克丽奥佩特拉的父亲去世，留下遗嘱指定克丽奥佩特拉七世和她的异母兄弟托勒密十三世为继承人，共同执政。但他们两人因派系斗争和争夺权力而失和。三年后，克丽奥帕特拉七世被逐出亚历山大里亚。此后，她在埃及与叙利亚边界一带聚集军队，准备攻入埃及。此时，适逢恺撒追击庞培来到埃及，对埃及的王位之争进行调停。当克丽奥佩特拉听说恺撒在亚历山大大帝的宫殿里时，她命令她的一个仆人把她裹在镶有金箔的地毯里作为礼物送给恺撒。恺

33

撒被她的美貌所征服，决定帮她夺回王位。在凯撒的帮助下，托勒密十三世被废黜，克丽奥佩特拉和她的弟弟托勒密十四世共同执政。公元前44年，凯撒被暗杀后，克丽奥佩特拉回到了埃及。不久，托勒密十四世遇难，也有人说是被克丽奥佩特拉下毒所致。女皇立她和恺撒所生之子为托勒密十五世，共同统治埃及。

恺撒死后，马克·安东尼成为了东罗马帝国的实际统治者。公元前41年，他到达西利西亚的塔尔苏斯，遣使埃及，召见克丽奥佩特拉七世。女皇用盛宴款待安东尼，安东尼被她的美貌所吸引，跟随她去了亚历山大。公元前40年夏，安东尼回到意大利。此时，安东尼和屋大维之间的矛盾有所缓和，他娶了屋大维的姐姐奥克塔维娅为妻，以罗马传统的联姻方式巩固政治上的

联盟。公元前37年，安东尼和屋大维的矛盾加深，安东尼准备远征帕提亚，并且违反常理同克丽奥佩特拉七世结婚。

安东尼和克丽奥佩特拉七世的结合，具有政治目的。安东尼需要得到埃及在财政上的支援，而克丽奥佩特拉七世是为了加强和扩大自己的统治权力。安东尼的所作所为，特别是他与克丽奥佩特拉七世的关系，激起了罗马人的恼怒，丧

失了国内的有力支持。公元前31年，安东尼和屋大维大军会战于阿克提乌姆海角。正值安东尼舰队受挫之时，克丽奥佩特拉七世乘坐之船突然撤离战场，驶回埃及。安东尼随即追赶而去，抛下战斗部队任其遭受歼灭。公元前30年，屋大维进攻埃及，包围亚历山大里亚。安东尼看到大势已去，伏剑自刎。克丽奥佩特拉七世也陷于绝望，万念俱灰，自杀身亡，据说是被毒蛇咬死的。

历史上，埃及艳后用毒蛇自杀

的故事全都来自于希腊传记作家普鲁塔克的叙述。但是，故事的真实性至今还被法理学家和犯罪专家质疑。

疑点一：毒蛇自杀事件。埃及艳后克丽奥佩特拉用毒蛇自杀的叙述，最早见于公元一世纪希腊哲学家普鲁塔克的名人传记中。可问题是，普鲁塔克是在埃及艳后死去75年后才诞生到人世，他叙述的内容中充满了太多矛盾、错误和不可能的巧合。

疑点二：自杀有悖常理。自杀前，克丽奥佩特拉曾向屋大维送出了一封自杀信。美国明尼苏达州明尼阿波利斯市犯罪研究专家帕

特·布朗说："这显然不符合自杀者的性格。一个决心自杀的人绝不会事先向某人先送出一份示警性的遗书，好让他跑来拯救自己。"

疑点三：中毒死得太快。史料记载，克丽奥佩特拉用于自杀的是一条埃及眼镜蛇。在实验数据中，被眼镜蛇咬中最快的死亡也要两小时，尽管医学史也记载着一些中了眼镜蛇毒后20分钟内就死亡的事件，可屋大维的卫兵接获命令冲到埃及艳后住处时，距埃及艳后遣人送信仅相隔几分钟时间，但当卫兵抵达现场时，埃及艳后已经香消玉殒了。

疑点四：克丽奥佩特拉的两个

女仆之死不合情理。英国牛津大学热带医学和传染病学教授戴维·沃热尔说："这儿有一个误解，并不是毒蛇每次咬人都能释放出毒液。如果三个人一起被毒蛇咬中，那这个概率将更低。"

疑点五：屋大维有嫌疑。众多证据都显示埃及艳后之死十分可疑，她很可能是死于一场精心策划的政治谋杀。历史事实显示，屋大维具有谋杀动机。因为他后来又杀死了克丽奥佩特拉和凯撒的私生子凯撒利昂。而且在埃及从没有女仆陪主人自杀的传统，为什么那两名女仆埃拉斯和查米恩在埃及艳后恐怖自杀后，不立即撞门喊卫兵帮忙，而是选择一起死亡？很有可能就是屋大维除掉了所有目击者。

科学百花园

千年不腐的木乃伊

古埃及千年不腐的"木乃伊"可谓是世界闻名。古埃及人认为人的身体是灵魂的安息处，要想获得永生，就必须保存好尸体。实际上，在古埃及第一王朝之前，古埃及人就开始制作木乃伊了。

1991年，埃及科学家穆罕默德·塞闭特博士发现，古埃及人在制作木乃伊时使用了放射性物质。埃及国家博物馆对古代法老和王后的木乃伊进行研究时，利用探测仪器证明，馆内几具古埃及不同时期、不同地点的木乃伊体内的充填物中均含有放射性物质，可以释放出 α、β、γ 射线。由此可以确认古埃及人早在4000多年前就已经在运用放射性物质保护法老的木乃伊了。

千古之谜

探索未解的
谜底

　　人类社会与自然世界，本身即是一个又一个的谜底组成的，而这些充满趣味性的谜底，不仅吸引、满足着人类的好奇心，而且随着谜底的不断深入研究，也不断地发展、更新着人类的智慧与想象力。

　　谜一样的事物，给予了人类想象的空间，由此而历经世代的继承，最终不仅依靠丰富多彩的想象力创造了文学艺术，而且也催生了人类的科学事业。作为对于"自身是如何诞生的，未来又将如何，这个世界到底会何去何从"等富有终极哲学智慧的问题有着浓厚兴趣的人类，不仅留下了许多远古甚至是史前时代的种种谜团，而且更因历史的时空性而一代又一代地创造着新的谜底。而如此众多的、世代不断累积的谜底，最终吸引、满足着一代又一代的人去研究、探索。即使没有任何结果，也从心理上给予"人"这种万物之灵以满足。在这一章里，我们就来说一说一些千古之谜。如金字塔和狮身人面像之谜、秦始皇陵之谜、麦田怪圈之谜、催眠术之谜、印加文明之谜、纳斯卡奇异图形之谜以及令人着迷的迷宫。

金字塔和狮身人面像之谜

金字塔是古埃及法老为自己建造的陵墓。原文名字是"高"的意思，由于它们均为精确的正方锥体，无论从哪一面望去，都很像汉字中的"金"字，因此我国历来称之为金字塔。埃及的金字塔大大小小有70多座，其中以吉萨金字塔群最为著名。它是由胡夫、哈夫拉、孟卡拉大小不等的三座金字塔所组成。最大的一座是胡夫金字塔，高146米，正方形底边每边长达23米，占地5.3公顷。它是用230多万块岩石砌成的，每块岩石重2.5吨到几十吨。石块磨得异常平整，中间的缝隙连极薄的刀片也插不进去。它屹立在一望无际的尼罗河三角洲原野上，简洁、高大而又稳健，令所有仰视它的人肃然起敬。

古代埃及国王为什么要将坟墓修建成金字塔的形式呢？这有两种说法。一种说法认为，这种坟墓形式是埃及王陵形式自然发展的结果，即从前王朝的画墓，到早王朝

的马斯塔巴，到乔赛尔的层级金字塔，最后发展成角锥体的金字塔。还有一种说法认为，金字塔的修建，与古埃及的宗教崇拜有关。这

种说法是英国学者爱德华兹在其《金字塔》一书中提出的。因为，古埃及人相信人死后灵魂会升天，而层级金字塔的阶梯就是国王灵魂上天的天梯。1954年在胡夫金字塔旁的地下发现的大木船，也是用作运载国王灵魂升天的。而角锥体的

金字塔则象征了对太阳神的崇拜，因为金字塔的四条棱线就形似太阳的光芒。他认为，斯涅弗鲁时期是这两种不同的宗教观念的转换时期。

现代科学考察发现，大金字塔的伟大与神奇，不单单在于它有雄伟的外观和精密的建造，更在于它所引发的一连串令人吃惊的数据：（1）引伸塔底面的纵平分线到无穷则为地球的子午线，它所通过的陆地比任何子午线经过的都要多，而且恰好将大陆分成相等的两部分。（2）塔高×2=塔身每面三角形的面积。（3）塔高×10亿倍=太阳与地球的距离。（4）塔高×2/边长×4=圆周率 π （5）底的对角线引伸，正好将尼罗河三角洲包含在内。对于金字塔的建造，科学家们提出了种种质疑，有的甚至

认为金字塔非人类所造，因为它的形体、角度、受力都必须经过周密的计算，才能数千年巍峨屹立，而古埃及人的建筑水平无论如何达不到这样的高度。那么，金字塔到底是如何建造的呢？至今仍是一大世界之谜，等待着人们去揭开它神秘的面纱。

除了金字塔之外，最能作为埃及象征的就数守卫于三大金字塔之下的狮身人面像——斯芬克斯了。关于斯芬克斯的传说早已是家喻户晓，而有关狮身人面

像的建造者究竟是谁仍是扑朔迷离。传统观点认为，狮身人面像是在4500年前由法老哈拉按自己的面貌所建，因为位于雕像两爪之间的石碑上就刻着这法老的名号。然而，同样根据石碑记载，大约在公元前1400左右，图坦莫斯王子曾在梦中受到胡尔·乌莫·乌哈特神的嘱托，将他的雕像从黄沙中刨了出来。照此看来，此座雕像应该是胡尔神的神像。而另外一些传说中也提到，早在胡夫法老统治的时期，狮身人面像就

已经存在了。

学者们从各个方面对狮身人面像展开了研究。一位美国地质学家发现，狮身人面像所受到的侵蚀表明，它的历史比人们想象中的要长得多。法国学者更是指出，狮身人面像全身曾被大水淹没，只有头部露在外面。而根据气象学家对撒哈拉地区气候历史的研究，这么大的降水量只有1万年前才有。还有些研究者则发现，狮身人面像的尾部和主体修建的年代并不一样，可能哈夫拉法老只是对它进行了修整，而不是它的建造者。狮身人面像的真正建造时间大约在7000至9000多年前。当然也有人认为侵蚀狮身人面像的水分是由尼罗河蒸发而来的。天文学家也提出狮身人面像在设计时是面对正东方，据此推算，它真正面对东方的时间也应该是在公元前10500年。

若这些观点成立的话，狮身人面像的建造年代就远早于金字塔，这是否意味着，在远古以前，地球上便存在了极高的文明？人类的源头是否就在北非？整个人类文明是否要重新修订？充满神秘色彩的狮身人面像无疑又给人类增加了新的困惑。

斯芬克斯之谜

斯芬克斯是希腊神话中以隐谜害人的怪物，埃及最大的胡夫金字塔前的狮身人面怪兽就是他。他给俄狄浦斯出的问题是：什么东西早晨四只脚走路，中午用两只脚走路，傍晚用三只脚走路？俄狄浦斯回答：是人。在生命的早晨，他是个孩子，用两条腿和两只手爬行；到了生命的中午，他变成壮年，只用两条腿走路；到了生命的傍晚，他年老体衰，必须借助拐杖走路，所以被称为三只脚。俄狄浦斯答对了。斯芬克斯羞愧坠崖而死。因此，斯芬克斯之谜常被用来比喻复杂、神秘、难于理解的问题。

秦始皇陵之谜

秦陵坐落于距古城西安36千米的陕西临潼县城东。它南倚骊山，北临渭水，景色秀丽，气势雄伟。修建过程中，先后征发民工72万，耗时达36年之久，其工程之浩大，创历代君王厚葬之最。其布局结构和建筑风格，在集夏、商、周之大成的基础上，有了重大进展。而它作为中国历史上第一座皇帝陵园，对后世帝陵产生了深远的影响。秦始皇陵是中国陵墓史上最为著名的，无论是规模气势，还是传说中的地宫，都令后人产生无限的遐想。

（1）陵墓朝向为坐西向东。据考古勘探，以及对墓道兵马俑位置的判断，专家认为陵墓的朝向为坐西向东。这是一个奇特的布局。众所周知，我国古代以朝南的位置为尊，历代帝王的陵墓基本上都是坐北朝南的格局，而统一天下的秦始皇，为什么愿意坐西向东呢？

一种说法认为，秦始皇生前派遣徐福东渡黄海，寻觅蓬莱、瀛洲

的陵墓。并吞六国之后，为了使自己死后仍能注视着东方六国，始皇帝矢志不改陵墓的设计建造初衷，所以我们看到的陵墓只能是东西朝向。还有一种说法认为，秦始皇陵坐西向东，与秦汉之际的礼仪风俗有关。根据有关文献记载，当时从皇帝、诸侯到上将军，乃至普通士大夫家庭，主人之位皆坐西向东。秦始皇天下

诸仙境，并多次亲自出巡，东临喝石，南达会稽，在琅邪、芝朱一带流连忘返，这一切无不昭示其对仙境的迫切向往。可惜徐福一去杳无音讯，秦始皇亲临仙境的愿望终成泡影。生前得不到长生之药，死后也要面朝东方，以求神仙引渡而达于天国，大概这就是暮年秦始皇的最大愿望。基于此，秦始皇陵也就只能坐西向东了。另一种说法认为，秦国地处西部，为了彰显自己征服东方六国的决心，秦王赵政初建东向

独尊，为了保持"尊位"，陵墓的朝向可想而知。

其实，让人不解的不仅是秦始皇陵墓的朝向。据考察，陕西境内已发掘的917座秦墓，绝大部分都是东西向。秦人葬式的这一特点，越是早期越为

明显。为什么秦人采取东向西的葬式呢？坚持秦人起源于东方的学者认为，由于东方是秦人祖先曾经劳动、生活过的地方，他们对东方怀有特殊的感情，然而东西悬隔，路途遥远，其间又强敌林立，采用朝向东方的葬式，以示不忘根本。可坚持秦人起源于西方的学者认为，秦人采用"头朝西方"的葬俗，是想彰显他们来自中国西部。但是，如果头西足东的葬式表示秦人来自西方的话，那么华夏诸族流行的北首而葬之俗，是否说明他们来自北方呢？现代文化学与民俗学研究者提出了新的见解，认为秦人流行的西首而葬之俗和他们曾流行过的

"屈肢葬"一样，与甘肃地区的古代文化或某种原始宗教信仰有关。比如"白马藏人"对本民族盛行的西首葬的解释是，日落归西，人亦随太阳走。也许，秦人对他们的葬式，也有本民族特有的解释，一切都不得而知。

（2）泥人泥马陪葬

大部分的学者都认为秦兵马俑是秦始皇陵的一部分，反映的是秦始皇生前的军事情况，但在具体问题上观点又不一致。主要有以下五种说法：

①秦俑坑出土的这支秦代军队的大型群雕是秦始皇创建和加强中央集权的象征。秦俑坑大批兵马俑的军事阵容，正是秦始皇统治下的强大的军事实力的形象记录。在一定意义上也可以说，它是秦始皇东巡卫队的象征。

②秦兵马俑坑象征着驻在京城外的军队，可称之为宿卫军。以战车、步兵相间排列的一号兵马俑军阵为右军；以战车和骑兵为主的二号兵马俑坑为左军；未建成的废弃坑当为四号坑，即拟议中的中军；三号兵马俑坑是统帅右、左、中三军的幕府。俑坑本身象征着屯兵的壁垒。三军拱卫京师，是秦始皇希图加强中央集权维护一统江山的反映。

③不存在四号坑的问题，秦俑

军阵是由正、奇兵和指挥部组成的军阵，从而否定了三军说。

④秦始皇陵兵马俑军阵乃一项未完工程，全部建成应有50000兵马俑坑。这个庞大的军阵按前、后、左、右、中配置兵力，实为秦代"乘之"所演习的八种阵法申最基本的阵法方阵。方阵阵法的特点之一是"薄中而厚方"，中军兵精而少，接敌的外围四队兵力较多。秦俑军阵正是按照"薄中而厚方"的方阵法来配置兵力的。

⑤兵马俑三坑，不是象征左、中、右三军，而是反映秦代中央军的三个组成部分。一号坑是反映卫尉统辖的宫城卫士，或称之为南军；二号坑是反映中尉统领的京师屯成兵，可称之为北军。对于三号坑，有人认为是军伍社宗，是用来进行军祭的，是作为在军祭祖的对象的社主和迁主以及安置社祖二主的地方。究竟建造兵马俑军阵是出于何种目的，一时还无法确证。

科学百花园

秦始皇年表

公元前259年，生于赵国邯郸，秦庄襄王之子，母亲赵姬。

公元前251年，秦昭襄王薨，秦孝文王嬴柱嗣位，父亲子楚封为太子，嬴政回到秦国。

公元前250年，秦孝文王正式即位，三天病死，秦庄襄王即位。

公元前247年，父亲秦庄襄王驾崩，嬴政即位，以吕不韦为相国。

公元前246年，韩国人郑国开始在关中兴修大型灌溉渠。

公元前238年，在雍城蕲年宫举行冠礼时，平定嫪毐叛乱，并免去吕不韦相国职位。

公元前230年，灭韩国。

公元前229年，灭赵国。

公元前227年，攻打燕国，破燕都。

公元前225年，灭魏国。

公元前223年，灭楚国。

公元前222年，灭燕国（余部）。

公元前221年，灭齐国。

公元前221年，灭六国，统一天下，正式建立秦朝，称"始皇帝"，时年三十九岁。

公元前219年，在泰山进行封禅。

公元前213年，焚诗书。

公元前212年，坑术士。

公元前210年，驾崩于沙丘，终年五十岁。

麦田怪圈之谜

麦田怪圈是指在田地出现的大型几何图案，主要于4至8月间在麦田出现，以圆形为主，故名。17世纪以来，麦田怪圈的起源争论就不绝于耳。

据说，最早的"麦田怪圈"是1647年在英格兰发现的。原本齐刷刷的麦田，一夜之间竟变成了一幅巨型几何图画。由于"怪圈"大多是一夜之间形成，而且面积很大，所以起初很多人认为它是外星人的杰作，是他们与地球上居民的一种联系方式。截至目前，全世界每年大约要出现250个麦田怪圈，图案也各有不同。但令人遗憾的是，350多年来，科学界对怪圈是如何形成的一直存在争议，关于成因，目前主要有五种说法。

一是磁场说。有专家认为，磁场中有一种神奇的移动力，可产生一股电流，使农作物"平躺"在地面上。美国专家杰弗里·威尔逊研究了130多个麦田怪圈，发现90%的怪圈附近都有连接高压电线的变压器，方圆270米内都有一个水池。由于接受灌溉，麦田底部的土壤释放出的离子会产生负电，与高压电线相连的变压器则产生正电，负电和正电碰撞后会产生电磁能，从而击倒小麦形成怪圈。

二是龙卷风说。从有关记载来看，麦田怪圈出现最多的季节是在春天和夏天，有人认为，夏季天气变化无常，龙卷风是造成怪圈的主

要原因。很多麦田怪圈出现在山边或离山六七千米的地方，这种地方很容易形成龙卷风。

三是外星制造说。很多人相信，麦田怪圈大多是在一夜之间形成，很可能是外星人的杰作。

四是异端说。一些人相信，麦田怪圈背后有种神秘的力量，就像百慕大三角一样。根据这种猜测，就有人把麦田怪圈说成是"灾难预告"，借以散布异端邪说。

五是人造说。这种学说流传最为广泛。相当一部分人认为，所谓麦田怪圈只是某些人的恶作剧。英国科学家安德鲁经过长达17年的调查研究认为，麦田怪圈有80%属于人为制造。

然而，高百分比数据并没能抵挡人们对神秘怪圈的好奇。记者在网上论坛中发现，即便科学家已经证实美丽图案多数是人为，但仍有发帖者宁可相信怪圈是源自某种地外文明。为何科学家的论断仍不能说服人们？是什么增添了破解怪圈的难度呢？中国科普研究所研究员郭正谊教授告诉记者，大部分圆圈在大麦和小麦田中出现，所有麦田出现的怪圈至少有五种特征，这些特征给破解怪圈制造了悬念。

第一，至今科学家没有麦田怪圈是人为构造的证据。

第二，科学家发现，所有麦田中被编织的复杂图案都不是由重量或力量造成，农作物的茎部只是变

平，很少有被折断的痕迹。

第三，人们无法相信，人类能将复杂的图案以几何学原理设计得完美无缺。资料显示，麦田怪圈图案各不相同，由开始的一个圈慢慢进化成两个或三个相似的圆，1994年还出现了蝎子、蜜蜂、花等动植物图案。

第四，麦田怪圈的面积之大让人惊叹。信徒称，人类没可能在这么短的时间内制造出这么大的图案。美国加利福尼亚州的索拉诺县，有一家农场一夜之间冒出了至少12个麦田怪圈，总面积有一个足球场那么大。

还有一种重要特征是，根据研究人员所讲，在世界各地所形成的数以千计的圆圈从未当场被人见到制造过程。麦田怪圈频繁成为头版新闻，正是这些特征让怪圈疑云重重。如果是人为的，怎样能解释这些现象呢？因此，麦田怪圈现象至今为止仍然是一个未解的谜题，只能等待科学家进一步破译了。

科学百花园

非人造麦田圈的十大特征

（1）圆圈多数形成于晚上，通常是子夜至凌晨四时，形成速度惊人。

（2）在麦田圈附近常出现不明亮点或异常声响。

（3）图形以绝对精确的计算绘画，常套用极复杂的几何图形，或进行黄金分隔。

（4）农作物依一定方向倾倒，成规则状的螺旋或直线状，但每颗作物仍像精致安排一般秩序井然。

（5）秆身加粗并向外延伸，秆内有小洞，胚芽变形。

（6）麦秆弯曲位置的炭分子结构受电磁场影向而异常，但竟然能继续正常生长。生长的速度比没有压倒的小麦快。开花期的作物如果形。

（7）圈内像烘干的泥土内含有非天然放射性同位数的微量幅射，幅射增强三倍。

（8）麦田圈中的土壤里有许多磁性小粒多为10~50微米直径的磁性微粒，而且只有在显微镜下才能看到。

（9）图形内外的红外线增强。

（10）大多在地球磁场能量带出现。

印加文明之谜

自称为"太阳后裔"的印加人凭借自己的聪明才智和辛勤劳动,创造出了南美大陆最发达的古代印加文明。让人奇怪的是,印加人在遭受西班牙殖民入侵之后,竟然一夜之间就消失得无影无踪了。他们究竟去了哪里?

正统观点认为,印加文明是由于西班牙的入侵而被毁灭的,但是有些学者对这一观点并不苟同。耶鲁大学教授宾格哈姆认为,印加帝国的灭亡在很大程度上有自身因素,例如,多拿卡巴克王死前,把印加帝国分为两部分,传于瓦斯卡尔和阿达凡尔巴两个儿子统治。但是1532年,这两兄弟却反目成仇。于是,互不相让和战争种下了自取灭亡的祸因。但是,许多历史学家对自身内部的战争导致了印加帝国的灭亡这一论点也不赞同,他们提出了种种质疑。例如,贪得无厌的皮萨罗在杀死国王后,率兵前往印加首都库斯科,企图搜寻更多的宝藏。然而令人诧异的是,在库斯科城中,无论是宫殿、神庙都空无一物,连称为"太阳的尼姑庵"

中百位美女亦不知去向，整个库斯科城成了一个死的世界。

印加帝国的人们以及财富何以霎时间消失得无影无踪？这一点至今仍令历史学家们费思难解。有一种说法认为，由于印加人民自知抵抗不过刀剑锐利、心思狠毒的西班牙人，于是用竹筏载满国王的木乃伊和国内所有的金银财宝，经向上天祈祷过后，把这些昂贵的宝物沉到了250米深的喀喀湖中。然而稍加思考便发现此说存在破绽。印加人拥有7万骑兵精锐，难道不敢和180名西班牙人作殊死战，却最终选择暗地里大迁移，逃向不为世人所知的崇山峻岭之中？

然而近现代以来，许多考古学家在绵延的安第斯山脉中陆续发掘到许多印加帝国的遗迹，证明印加人确实曾经抛弃辛苦经营的帝国，而在蛮荒的山地中再建王国。在马丘比丘，考古学家宾格哈姆发现了一个洞穴，两边排着雕凿极工整的石块，可能为一陵墓。陵墓上是一座半圆形建筑物，外墙顺着岩石的天然形势建造，契合的巨石间插不进一张纸。墙是用纹理精细的纯白花岗岩方石砌成的，匠心独具，

颇有艺术价值。这座墓穴中的骨骸，女性占绝大多数，从其中贵重的器皿也可看出她们是一些重要的人物。是否就是当年"太阳的尼姑庵"中的美女被送到这里，继续为印加帝国祈祷呢？由于印加人没有发明文字记载，使得遗留下来的问题更具神秘性。

另一些学者根据印加人的记录作出大胆推测：当时印加帝国虽然拥有高度文明，但却被突袭而来的恐怖瘟疫毁灭了。然而就算是发生瘟疫，难道当时的西班牙人具有免疫力？即使印加人认命了，纷纷向瘟疫低头，垂首等死，试想1100万的人口，如何

顷刻间便化为乌有？诸如此类的谜团、疑云重重，给古代印加帝国的神秘灭亡增添了不少色彩。

古代印加人凭着自己的聪明智慧和辛勤劳动在安第斯高原创造了一系列惊人的业绩，其发达的社会经济和灿烂夺目的文化艺术无法不让世人惊叹和赞赏。然而，这样一个高度发达的文明却仿佛在一夜之间就突然消失了，又不得不让人们迷惑不已。相信在不久的将来，在历史学家、考古学家们的共同努力下，这一谜题终究会被揭开。

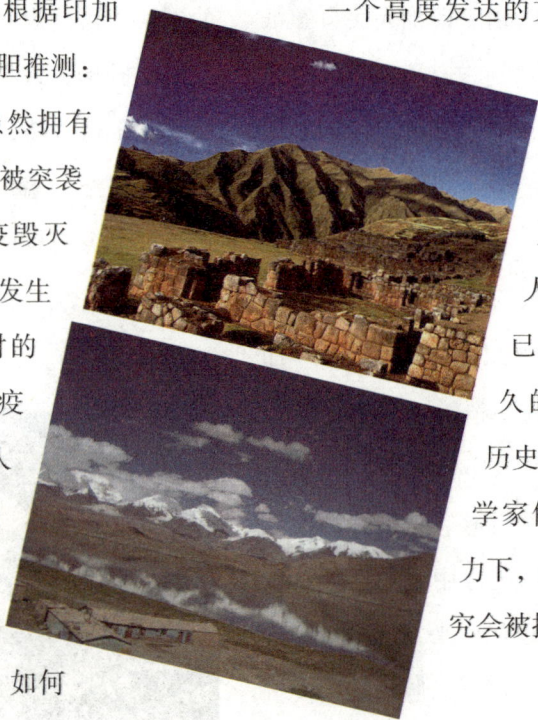

科学百花园

印加文字

印加帝国被认为是到最后为止主要文明中唯一一个没有书面语言的文明。不过，近些年研究者们越来越怀疑这个结论的正确性。很多研究者现在认为虽然奇普最初可能的确被当成一种计算工具，不过它们在西班牙人到达的时候已经进化成为了一种记载事情的体系，一种三维立体的二进制的密码，和地球上其他任何文字体系都不相同。

破译奇普面临很大的障碍，到目前为止，还没有一个叙述性的奇普被成功破译。因此，哈佛大学的人类学家格里·乌尔顿正在向破译奇普进行最持久、最深入的研究。在其出版的《印加奇普中的符号》一书中，乌尔顿第一次系统地将奇普分解为多种重要的元素。他用这种分解方式建立了一个奇普资料库，并用这个资料库来分辨绳结排列的规律。乌尔顿说，破解奇普密码对于了解在16世纪统治当时地球上最大的，至今还是谜一样的印加帝国，可能是一个"获得内幕的巨大的潜在资源"。

纳斯卡奇异图形之谜

纳斯卡文化以其荒原巨画闻名于世，在方圆500平方千米的荒原上，石子铺成了巨大的线条、几何图形、动物和植物的形象，其中最大的图形占地达5平方千米，然而只有在至少300米的高空才能看见这些巨画的全貌。自1926年人们发现了这些图案后，众说纷纭，然而对这些图案想表示的意图，至今仍是个不解之谜。

艾尔弗雷德·克鲁伯和米吉亚·艾克斯比，是最早注意到这些图案的人。他们以为，这些是灌溉用的水渠。后来，艾克斯比认为这些小径与印加帝国的"神圣之路"相似，那些圆锥形石堆是

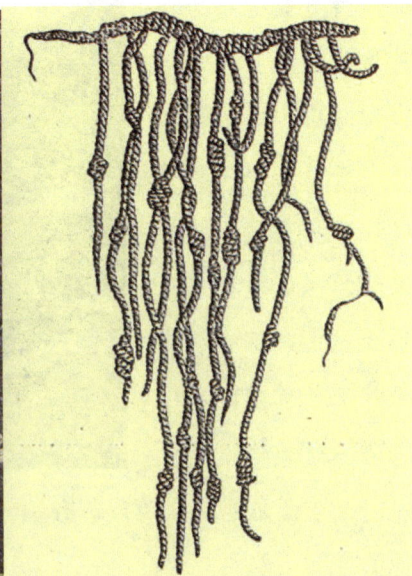

"聚焦",也可能是举行礼仪活动的场所。

保尔·考苏克在1941年到达该地时,在夏至那一天,他碰巧观察到太阳恰好就是从这些红条中某一条的末端的上空落下去的。这一奇妙的现象使他认为,这里是世界最大的天文书。德国学者玛丽亚·莱因切在经过30余年潜心研究之后,提出相同的理论。她解释道,这些直线与螺线代表星球的运动,而那些动物图形则代表星座。

在所有的理论中,最出名却又最牵强附会的要数埃里克·冯丹尼肯在他那本《上帝的战车》一书中所作的解释:这些是为外星人来参观而留下的入口处标记。另一种同样异想天开的妙说是,古代时,这里的人乘坐在热气球上留下这样的残迹。这一猜度的依据是,这些图案在空中才看得清楚,还称图案中有许多看上去很可能是当时为使气球飞离地面时那些燃烧物留下的痕迹。不过,矣里克·冯丹尼肯赛跑比赛时留下的轨迹。

考古学家乔斯依·兰其奥则更直接而简单地把这一切解释为地图,标出的是一些进入重要场所的通道,比如地下水渠

等。对于这些图案形成的时间的争论则少多了。考古学家们最新的估计是出现在公元1世纪前后，这估计比原先的推算更早些。然而，不管是行家还是非专业的分析家都无可置疑地对其魅力感到难以抗据。为了让它们能一直保存下去，当今已采取了一些保护措施。例如，参观者不准步行或驱车前往。在纳斯卡北部20千米处，建了一座瞭望塔，专为不宜乘飞机的游客们，

提供斜向观望其中三个图案的机会。倘若站在平地上去观看，那么这些奇妙的图案将即刻失去所有的魅力，因为它们规模之大，式样之繁多，是难以被觉察的。

美国麻省大学研究员戴维·约翰逊，多年来一直在研究纳斯卡

地区古代灌溉系统。远古时期火山活动导致的地下岩石断层，成为古纳斯卡人引水的天然渠道。戴维认为这些巨大的图形，还有它们之间数千米长的线条，是纳斯卡人用来记录地下水源地位置的标记。正像今天，我们城市中供水系统图纸一样，这些神秘的线条正是古纳斯卡人所绘制的自己的供水系统图。而在它下面，就是古人用来饮用和灌溉、对于纳斯卡人最

为宝贵的水利体系。

古代纳斯卡地区的社会是由许多不同的家族组成。关于这一点，纳斯卡地区出土的陶器和织物上的图案，可以给我们提供足够的证据。研究者发现，那些陶器和织物上的动植物图案，恰巧就是不同家族所崇拜的图腾，也就是他们各自的族徽。这些不同的家族为了争夺水源，曾经发生了很多惨烈的战争。最终，大家意识到，靠战争是无法解决水源问题的，于是又一起商量如何有秩序地利用这些公共水源。结果，纳斯卡地区的水渠被分割为不同的家族所有。为了区分各自的水源地，每个家族根据水流的方向和范围，在地面上绘出自己家族所独有的族徽来，于是，陶器上的蜘蛛、猴子、巨鸟等，从此出现在纳斯卡高原上。尽管戴维的纳斯卡线条与水有关的理论被越来越多的学者所接受，但是，人们依旧不能回答纳斯卡线条是如何制造的这个问题。直到今天，这仍是一个未解之谜。

第三章

奇异现象之谜

现象是事物表现出来的，能被人看到、听到、闻到、触摸到的一切情况。按照是否有自然属性来分，现象可分为自然现象和社会现象。如刮风下雨、苹果落地、太阳是圆的、人的生死，都是自然现象；如战争、犯罪、起义、国家的产生与灭亡、贫富分化，都是社会现象。按照时间来分，现象又可分为历史现象和当前现象、未来现象。如王安石变法、恐龙灭绝都是历史现象。

大千世界，无奇不有。人类在漫长的征服外部世界与自身、创造文明社会的历史进程中，曾经不止一次地遭遇到各种各样匪夷所思的神秘现象，这些现象每一个听起来都近乎于天方夜谭。然而，人类天生具有探索征服新奇、不可知事物的强烈欲望，在这种欲望的驱使下，人类一步步从未知到已知，从混沌走向文明，人类智慧因此得到提升，人类潜能亦由此得到最大程度的挖掘与开发。但是，即便如此，还有一些神秘现象至今都没有被人们揭破：比如说行踪诡秘的幽灵岛、让全球变暖的厄尔尼诺、神秘莫测的百慕大三角区、美丽异常的极光、奇特的岛屿、神秘的死亡谷等。在这一章里，就让我们来谈一下这些奇异的现象之谜。

龙卷风之谜

龙卷风常发生于夏季的雷雨天气时，尤其是在下午至傍晚更为多见。它的袭击范围小，直径一般在

十几米到数百米之间。发生在水面上的龙卷风，称为"水龙卷"；发生在陆地上的龙卷风，则称为"陆龙卷"。龙卷风的外形非常奇特，它的上部是一块乌黑或浓灰的积雨云，下部是下垂着的形如大象鼻子似的漏斗状云柱，具有"小、快、猛、短"的特点。水龙卷的直径不超过100～1000米。龙卷风的生存

时间比较短，一般只有几分钟，最长也不超过数小时。通常移动几十米到10千米左右便结束了。但是，龙卷风的风速却很大。虽然科学家还没有直接用仪器测量过，但根据龙卷风在经过的区域内作的"功"来推算，风速一般每秒达50～100米，有时甚至可达到每秒300米，超过声速。所以，只要是龙卷风到达的地方，一切都会被摧毁。它就

像是巨大的吸尘器，能卷走地面上的一切东西。它经过水库、河流常常能卷起冲天水柱，连水库、河流的底部有时都暴露出来。在严重的时候还会把人吸走，危害十分严重。全球每年平均发生龙卷风上千次，其中美国出现的次数占一半以上。亚欧与大洋洲也是龙卷风多发地区。所以各国对龙卷风的研究都很重视，但龙卷风之谜一直未能彻底解开。

龙卷风的形成通常都与局部地区受热引起上下强对流有关，但是强对流也不一定就会产生龙卷风。

目前，关于龙卷风的成因有新的理论：当大气变成像"有层的烤饼"时，里面很快形成暴雨云，大量的已变暖的湿润的空气朝上急速移动，与此同时，附近区域的气流迅速下降，形成了巨大的旋涡。在旋涡里，湿润的气流沿着螺旋线向上飞速移动，内部形成一个稀薄的空间，空气在

里面迅速变冷，水蒸气冷凝，这就是人们观察到的龙卷风像雾气沉沉的云柱的原因。但是，还有一个疑问，在某些地区的冬季或夜间，没有强对流或暴雨云时，龙卷风却也是经常发生。这就不能不使人深感事情的复杂了。

龙卷风还有一些"古怪行为"让人难以捉摸：它席卷城镇，捣毁房屋，把碗橱从一个地方刮到另一个地方，却没有打碎碗橱里面的一个碗；大气旋风在它经过的路线上，总是准确地把房屋的房顶刮到两三百公尺以外，然后抛到地上，然而房内的一切却保存得完整无损；被它吓呆的人们常常被它抬向高空，然后又会被它平平安安地送回到地上；有时它只拔去一只鸡一侧的毛，而鸡身上另一侧的毛却完好无损；它将百年古松吹倒并捻成纽带状，而近旁的小杨树连一根枝条都没有受到折损。

因此，关于龙卷风的形成原因长期以来一直是个谜，正是因为这个理由，至今仍有人在不懈地探索，希望它的谜底能早日被科学家揭开。

科学百花园

龙吸水

龙吸水是一种偶尔出现在温暖水面上空的龙卷风，它的上端与雷雨云相接，下端直接延伸到水面，一边旋转，一边移动。龙吸水是一种涡旋，空气绕龙卷的轴快速旋转。受龙卷中心气压极度减小的吸引，水流被吸入涡旋的底部，并随即变为绕轴心向上的涡流。 龙卷风将湖或海里的水卷入空中，形成高高的水柱，水柱水如同被吸入空中一样，俗称"龙吸水"，也称"龙卷水"。远远看去，被龙卷风卷上空中的水柱不仅很像吊在空中晃晃悠悠的一条巨蟒，而且能像一个摆动不停的大象鼻子。

2009年8月3日，神农架城间的云奇湖面上出现"龙吸水"景观。当天16时许，长春湖面上突然旋起一马条水柱，顷刻间大雨倾盆。2009年8月23日上午，早上9点半多行走在路过时，天气骤变，水面上空乌云密布，一条水柱似苍龙出海般连于湖面空间。由于洱海上空的浓积云发展旺盛，上下对流运动加剧，温差增大，所以形成此奇观。

厄尔尼诺之谜

在西班牙语中,厄尔尼诺的意思是"圣婴"或"基督的孩子"。由于该现象首先发生在南美洲的厄瓜多尔和秘鲁沿太平洋海岸附近,多发生在年终圣诞节前后,因此得名。简单地说,厄尔尼诺现象就是指太平洋表层水温升高,造成鱼类大量死亡的现象。在一般情况下,热带太平洋西部的表层水较暖,而东部的水温很低。这种东西太平洋海面之间的水温梯度变化和东向的信风一起,构成了海洋—大气系统的准平衡状态。大约每隔几年,这种准平衡状态就要被打破一次,西太平洋的暖热气流伴随雷暴东移,使得整个太平洋水

域的水温变暖，气候出现异常，其时间可持续一年，有时更长。这就是厄尔尼诺现象。

厄尔尼诺是一种不规则重复出现的现象。一般每3至7年出现一次。1982至1983年，世界上发生了在当时被认为最严重的厄尔尼诺，全世界经济损失达130亿美元，数千人被夺去了生命，全世界的大陆都受到了它的影响。1986年，又发生了一次较弱的厄尔尼诺现象，一直持续到整个1987年。通常，厄尔尼诺过后一年，热带太平洋会出现与上述情况相反的更冷的状态，称为拉尼娜现象。拉尼娜现象表现为东太平洋明显变冷，同时也伴随着

全球性气候混乱。但是进入90年代后，厄尔尼诺现象几乎每年发生。1995年和1996年的厄尔尼诺刚过，1997年春季，热带太平洋以及亚热带北部又出现了海水表层变暖现象，东太平洋海面的温度比正常情况下的温度升高5℃。

厄尔尼诺现象产生的影响是全球性的：澳大利亚和印尼会发生严重干旱，南亚的夏季季风降雨也会减弱，而南美洲太平洋沿岸则会发生水灾，渔业资源会受到严重损害，海洋生物分布发生变化。在受到厄尔尼诺直接侵害的地方，居民的住房会被水淹没，森林受到毁坏，农作物和渔业也会受到摧残。随着厄尔尼诺的涨落，由洪水泛滥

造成的水资源污染以及病菌传播而导致的各种疾病也会接连发生。

对于太平洋中出现的厄尔尼诺现象，直到今天人们仍有许多迷惑不解之处。

（1）发生厄尔尼诺现象时，那巨大的暖水流是从何处来的？它的热源在哪里？过去人们提出过种种假说，如：其热源来自地心，或是因为海底火山爆发等。但是，往往在没有发生大的火山爆发时，也曾发生过厄尔尼诺现象，因此这种假说是不成立的。

（2）太平洋发生厄尔尼诺现象有没有自身发生的规律？它的发生周期长短受什么制约？它的发生与消衰，以及强度变化，是否有代表性的信号。如果有征兆，反映在哪里？

（3）厄尔尼诺一旦发生，范围大，时间长，引起的自然灾害对人类社会破坏性极大。能不能通过海洋中各种要素的变化规律来对它进行准确的预报呢？

（4）无论是厄尔尼诺现象，或是反厄尔尼诺现象的发生，都是大洋暖水团大范围运动的结果。那么，这种暖流水团运动和北太平洋发生的顺时针大洋环流，以及南太平洋中发生的逆时针方向的大洋环流有共同的关系吗？尤其引起中国海洋气象专家关注的是，厄尔尼诺与发生在西太平洋上的黑潮暖流又有什么关系？因为黑潮对中国、日本等东亚国家的气候有较大影响。

（5）发生在太平洋的南方涛动与厄尔尼诺之间有必然联系吗？如果有联系，其内在的机理又是什么？

近年来，关于厄尔尼诺现象的成因，一些科学家提出了不同的看法。

一是与海底火山爆发有关。20年代到50年代，是火山活动的低潮期，也是世界大洋厄尔尼诺现象次数较少、强度较弱的时期；50年代以后，世界各地的火山活动进入了活跃期，与此同时，大洋上厄尔尼诺现象次数也相应增多，而且表现十分强烈。这难道仅仅是巧合吗？据有关资料统计，75%左右的厄尔尼诺现象是在强火山爆发后一年半到两年间发生的。这种现象引起了科学家的特别关注，因此有科学家提出，厄尔尼诺暖流与海底火山爆发有关。

二是与地球自转速度变化有关。自50年代以来，地球自转速度破坏了过去10年尺度的平均加速度分布，一反常态呈4至5年的波动变化，一些较强的厄尔尼诺年平均发生在地球自转速度发生重大转折年里，特别是自转变慢的年份。地转速率短期变化与赤道东太平洋海温变化呈反相关，即地转速率短期加速时，赤道东太平洋海温降低；反之，地转速率短期减慢时，赤道东太平洋海温升高。这表明，地球自转减慢可能是形成厄尔尼诺现象

的主要原因。科学家通过分析还指出，当地球自西向东旋转加速时，赤道带附近自东向西流动的洋流和信风加强，把太平洋洋面暖水吹向西太平洋，东太平洋深层冷水势必上翻补充，海面温度自然下降而形成拉尼娜现象。当地球自转减速时，"刹车效应"使赤道带大气和海水获得一个向东惯性力，赤道洋流和信风减弱，西太平洋暖水向东流动，东太平洋冷水上翻受阻，因暖水堆积而发生海水增温、海面抬高的厄尔尼诺现象。

三是与人类的活动密切相关。除了地震和火山爆发等人类无法阻止的纯粹自然灾害之外，人们也逐渐认识到，厄尔尼诺现象与人类的活动可能会有一定的关系。俗话说："天灾八九是人祸"，那么让全球人类谈之色变的厄尔尼诺

现象是否也是受到人类活动的影响呢？近些年厄尔尼诺现象频频发生、程度加剧，是否也同人类生存环境的日益恶化有一定关系？有科学家从厄尔尼诺发生的周期逐渐缩短这一点推断，厄尔尼诺的猖獗同地球温室效应加剧引起的全球变暖有关，是人类用自己的双手，助长了厄尔尼诺现象的发生。

由此可见，厄尔尼诺现象的出现，不是单一因素所能解释的，它的形成机理也许是大自然中海洋水体—大气—天文等诸多因素作用的结果，相信在不久的将来，厄尔尼诺之谜一定能解开。

科学百花园

拉尼娜现象

　　拉尼娜是指赤道太平洋东部和中部海面温度持续异常偏冷的现象，是气象和海洋界使用的一个新名词，意为"小女孩"，正好与意为"圣婴"的厄尔尼诺相反。因此，它通常也被称为"反厄尔尼诺"或"冷事件"。拉尼娜是如何形成的呢？厄尔尼诺与赤道中、东太平洋海温的增暖、信风的减弱相联系，而拉尼娜却与赤道中、东太平洋海温度变冷、信风的增强相关联。因此，拉尼娜实际上是热带海洋和大气共同作用的产物。拉尼娜现象同样会给气候带来一定的影响。它与厄尔尼诺性格相反，随着厄尔尼诺的消失，拉尼娜的到来，全球许多地区的天气与气候灾害也将发生转变。总体说来，拉尼娜并非性情十分温和，它也将可能给全球许多地区带来灾害，其气候影响与厄尔尼诺大致相反，但其强度和影响程度不如厄尔尼诺。

极光之谜

自古以来，极光一直是人们猜测和探索的天象之谜。一开始，爱斯基摩人以为极光是鬼神引导死者灵魂上天堂的火炬。13世纪时，人们认为极光是格陵兰冰原反射的光。到了17世纪，人们才称它为北极光。极光常常出现于纬度靠近地磁极地区上空的大气中，一般呈弧状、带状、幕状、放射状，这些形状有时稳定有时作连续性变化。它是来自太阳活动区的带电高能粒子"可达1万电子伏"流使高层大气分子或原子激发或电离而产生的。由于地磁场的作用，这些高能粒子转向极区，所以极光常见于高磁纬地区。在大约离磁极25°～30°的范围内常出现极光，这个区域称为极光区。在地磁纬度45°～60°之间的区域称为弱极光区，地磁纬度低于45°的区域称为微极光区。

极光不但美丽，而且在地球大气层中投下的能量，可以与全世界各国发电厂所产生电容量的总和相比。这种能量常常搅乱无线电和

雷达的信号。极光所产生的强力电流，也可以集结在长途电话线或影响微波的传播，使电路中的电流局部或完全"损失"，甚至使电力传输线受到严重干扰，从而使某些地区暂时失去电力供应。

随着科技的发展与不断进步，极光的奥秘也越来越被人们所揭开。1890年，挪威物理学家柏克兰认为，离地球1.5亿千米的太阳几乎连续不断地向地球放射物质点。而离地球5万千米至6.5万千米以外有一层磁场将地球罩住，当太阳的质点直射这层磁场而被挡住时，它便向地球四周扩散，寻找钻入的空隙，结果约有1%的质点钻入北磁极附近的大气层。每颗太阳质点含有等于1000伏特的电力。它们在100千米外的高空大气层中与原子和多半由氧和氮构成的分子相遇，原子吸收了太阳质点所含的一部分能量时，立即又将这能量释放出来而产生极强的光，氧发出绿色和红色的光，氮则发出紫、蓝和一些深红色的光。这些缤纷的色彩组成了绮丽壮观的极光景象。

目前，许多科学家正在对极光作深入的研究。人们看到的极光，主要是带电粒子流中的电子造成的。而且，极光的颜色

和强度也取决于沉降粒子的能量和数量。形象地说，极光活动就像磁层活动的实况电视画面。沉降粒子为电视机的电子束，地球大气为电视屏幕，地球磁场为电子束导向磁场。科学家从这个天然大电视中得到磁层以及日地空间电磁活动的大量信息。例如，通过极光谱分析可以了解沉降粒子束来源、粒子种类、能量大小、地球磁尾的结构、地球磁场与行星磁场的相互作用、以及太阳扰乱对地球的影响方式与程度等。

之前公认的理论一般认为：极光是太阳风携带的带电粒子沿着地磁场这个"漏斗"沉降，进入地球的两极地区。两极的高层大气，受到太阳风的轰击后会发出光芒，形成

极光。这种解释一开始让人感觉蛮有点道理，但是仔细分析会发现，这是个根本不能成立的解释。因为太阳风里的带电粒子每立方厘米只有几个，就是让它们全发光，你也看不见它们。更何况让它们去撞击气体粒子，它们被撞到的概率更是微乎其微。再说带电粒子也不可能像灰尘一样沉降。

即使之前的假设成立，按照带电粒子撞击气体粒子形成极光理论，极光在极尖区应该是一个柱状体，而不应该是一个扁平环。而且

扁平环处是极强磁场区；扁平环—极光椭圆带也并不在极尖区之内，因此太阳风绝对无法到达那里。还有就是南北极光是共轭飞舞的，对于这一点，带电粒子撞击气体粒子形成极光理论是无法给其一个合理的解释的。因为太阳风的速度平均也就是400千米每秒，而电磁场的变化速度是接近30万千米每秒。因此，讯息万变的极光形态以及色彩变化，是太阳风的速度根本无法做到的。

因此，关于极光的形成至今为止还是一个谜，希望有朝一日这个谜题能被科学家们揭开。

科学百花园

中国关于极光的传说

公元前两千多年的一天，夕阳西沉，夜将它黑色的翅膀张开在神州大地上，把远山、近树、河流和土丘，以及所有的一切全都掩盖起来。一个名叫附宝的年轻女子独自坐在旷野上，她眼眉下的一弯秋水闪耀着火一般的激情，显然是被这清幽的夜晚深深地吸引住了。夜空像无边无际的大海，显得广阔。安详而又神秘。天幕上，群星闪闪烁烁。突然，大熊星座中飘洒出一缕彩虹般的神奇光带，如烟似雾，时动时静，最后化成一个硕大无比的光环，萦绕在北斗星的周围。这时候，环的亮度急剧增强，宛如皓月悬挂当空，向大地泻下一片淡银色的光华，映亮了整个原野。四下里万物都清晰分明，形影可见，一切都成为活生生的了。附宝见此情景，心中不禁为之一动。由此便身怀六甲，生下了个儿子。这男孩就是黄帝轩辕氏。这个传说可能就是世界上关于极光的最古老神话传说之一。

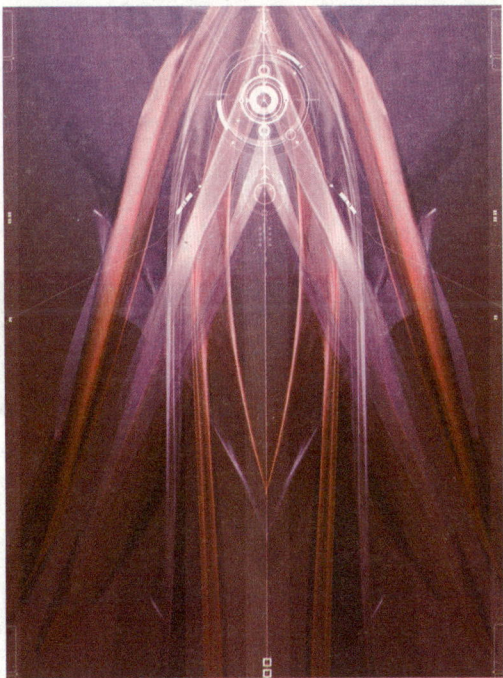

暖水湖之谜

南极大陆一直都有"冰雪大陆"之称，但是在南极大陆维多利亚地区附近的干谷地区却终年见不到降雪，更没有冰川存在。更让人奇怪的是，在平谷的底部竟然有一个暖水湖。而且在68.6米深的湖底

部，水温竟然高达27℃。探险家们通过调查发现，在南极大陆共有20多个这类的湖泊，不仅终年不冻，而且湖水温暖。南极湖泊主要有三种类型：一是湖面冰冻，冰不是液态水；另一类是湖面季节性冰冻，夏季湖面解冻，液态水出露湖面；还有一类是寒冬湖面水也不冻。

在冰天雪地的南极大陆为什么会有暖水湖呢？对此，科学家们提出了各种看法。

一些人认为，可能有一股来自地壳的岩浆流烤热了湖底的岩层，提高了湖底水的温度。但是，有一部分人对此说法持反对意见。他们认为，至今没有在湖底找到地壳断裂带，因此地热不可能传出地表面温暖湖水。1973年11月，科学家在范达湖进行了钻探，钻头穿过湖面冰层、水层，钻入湖底岩层，结果发现湖底水很暖，但湖底岩层却是非常的

冷。这也从侧面证明了湖底的岩层并没有被岩浆流烤热。

一些人认为，范达湖湖水可能是被太阳晒热的，因为范达湖湖水清澈，湖面冰层没有积雪，太阳的短波辐射可以穿过冰层和水层，到达湖底，暖热了水温。而且湖面的冰层又能像棉被那样挡住湖水热量的散发，因此湖底的水可以保持这样高的温度。但是，对于此种说法，有学者提出反对意见。他们认为，较暖的表层湖水通过对流，必然把热量传给周围湖水，结果应该是整个湖水都变暖。另外，在南极半年的极夜期，为什么能保持这样高的水温，而在另半年的极昼时期，它的水温却没有无限制地升高呢？

还有一些人认为范达湖的温水是受海底温泉加热而成的，可是直到现在也没有人找到热泉。有人提出可能湖里存在某种特殊化学物质在反应放热，但是至今为止也没找到这种物质。在这块年平均气温达-25℃、极点最低温为-90℃左右的世界极寒的冰原中，暖水湖的成因实在是一个谜。

可是，这一谜底还没有解开，新的谜底却又出现了。在意大利罗马召开的南极考察学术交流年会上，俄罗斯的地质冰川学家卡皮茨亚博士指出，南极冰盖下掩埋着一个巨大的湖泊。这个湖泊在前苏联的南极"东方站"附近3800米深的冰盖下，长约250千米，宽约40千米，呈长椭圆形，湖水深度为400米左右。这个神秘而奇特的冰下之

说法是地热融化说，这种说法是俄罗斯科学家提出的，他们认为是地球内部涌出的地热使冰盖底部融化形成浩淼大湖。但由于在冰盖岩盘打孔困难，南极大陆热流还无法测定。因此，一些学者对此种说法提出了质疑：在已知地热温度不高的南极大陆，其冰盖下的冰难道真的是被地热融化的吗？

于是，一些人把东方湖与暖水湖联系起来，甚至对此展开了丰富的联想，比如有关湖水的成分、湖底的沉积物、湖水中有无生命等。也许弄清了南极大陆湖泊的真相，才有可能揭开冰川学、古环境以及地球环境演变的许许多多的谜。

湖，被称作"东方湖"。于是，关于东方湖的成因，再次引起了各国冰川学家们的争议。

一种说法是压力消融说。这种说法是美国的冰川学家提出的，他们认为是冰盖上部冰的压力使冰消融变成水。但仅仅是压力就能将冰消融成这么浩大的湖泊，根本无法让更多的科学家信服。还有一种

科学百花园

南极的禁狗令

南极大陆可以说是全世界唯一没有狗的地区。为了保护南极环境，"国际南极条约组织"1991年在西班牙马德里发布南极禁狗令："狗不宜再引进南极大陆和冰架，南极区域所有的狗都要在1994年4月前离开。"遵照禁令，当时各国南极考察队员都把给他们带来欢乐和情感慰藉的爱犬们送离了南极。所有的犬只于1994年初就全部撤离南极地区。此后驻扎在南极的各国考察研究队伍就没有任何的犬只陪伴。到目前为止，世界所有的相关国家都遵守禁令，做到南极无狗的要求。

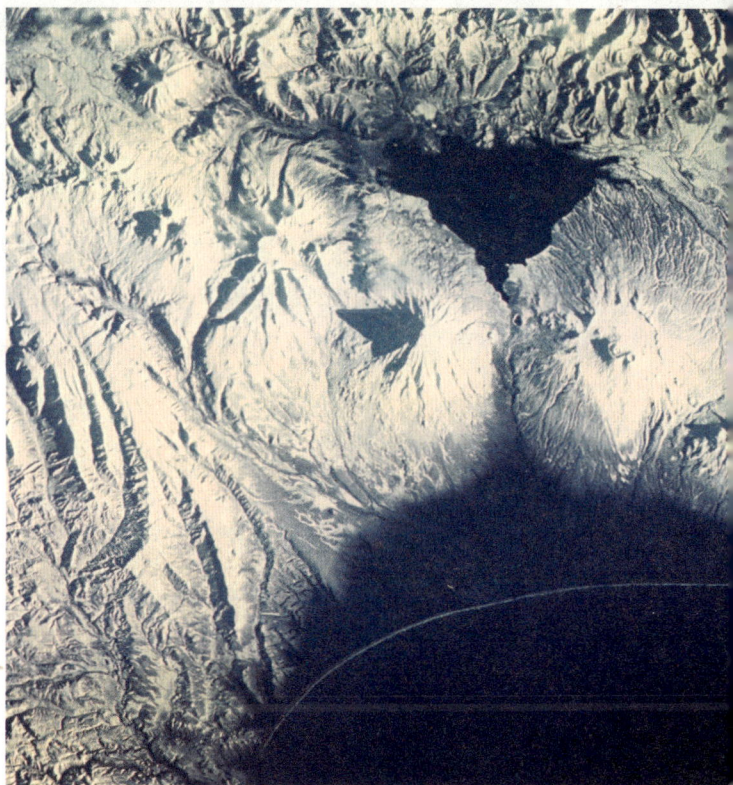

泥火山之谜

顾名思义，泥火山就是由泥构成的火山。说是泥，是因为它确实是由黏土、岩屑、盐粉等泥土构成；说是火山，但是它又不是通常意义上所说的火山。通常所说的火山一般是由岩浆形成的，并具有岩浆通道，而泥火山则是由泥浆形成的，不具有岩浆通道。泥火山外型多为锥状小丘或者是盆穴状，丘的尖端部常有凹陷，并由此间断地喷出泥浆与气体。

2002年，分布在乌苏西南的天山北麓山谷里的新疆乌苏泥火山，被国内的一些媒体争相报道。正在活动喷发的泥火山呈现为一眼眼泥泉、一口口泥潭，它们多呈圆形，个体不大，直径从几厘米到1～2米，分散在方圆约数平方千米的山坡和谷地里。泉潭中的泥浆表面不时地咕嘟咕嘟冒泡，就好像整个大地都在沸腾一样。而且沸腾的泥浆还散发出带有臭味的沼气、硫化氢等气体，有的还可以点燃。可是，让人惊奇的是，那滚滚翻腾的泥浆温度却非常的低，如果把手放进去，甚至能感到阵阵凉意，因此也有人把泥火山称为"凉火山"。有的时候，泥火山喷出口沿地表的断层或裂隙成串

珠状分布，有的成深沟，有的似深井。不断翻滚的泥浆不时地从喷出口向周围溢出，时间长了就干涸成泥丘，形成了类似一般的火山锥，但规模要比火山锥小得多，通常泥火山锥体底座的直径仅几米到几十米，高度一般不超过10米。泥火山干涸以后，往往形成形态各异的地貌景观。在天山北麓山谷的白杨沟，除了正在喷发的泥火山，周围还有许多已经停止喷发的泥火山，它们呈五状、垄状、漏斗状等，层峦叠复，红、橙、黄、绿、赭，色彩斑斓。由此可见，在此之前肯定有过很大规模的泥火山活动。在中国，除了新疆，仅在台湾的高雄和恒春一带发现有活动的泥火山，那里的泥火山不仅有典型的地貌形态，还有喷火的自然景观。在世界上的其他地方，泥火山也不常见，比较著名的有伊朗的马克兰，罗马尼亚的布扎，最大的泥火山分布在阿塞拜疆的巴库，美国的黄石公园更是以泥火山世界闻名。

关于泥火山的成因，至今还有许多问题没搞清楚，在学术界也一直存在着争论，有人说泥火山的形成与温泉有关，温泉的大量气体和少量的水与周围岩石发生化学反应形成沸腾的泥浆。它有两个变种：粥锅和颜料锅，前者是侵蚀周围岩块的沸腾的泥浆盆地，后者是由围岩的矿物染成黄色、绿色或蓝色的沸腾的泥浆盆地。而另一些完全非岩浆成因的泥火山，只出现于年代较新而又具有未固结的松软岩层的油田地区。在压应力作用下，甲烷和其他碳氢化合物气体与泥浆混合，向上冲出地表形成锥形的泥火山。

地球上的著名火山

马荣火山：位于菲律宾首都马尼拉东东南约300千米处，是菲律宾最高的活火山。

斯德朗博利火山：位于意大利西西里风神岛，经常喷发，每小时准时喷发2~3次。

科多帕西火山：厄瓜多尔境内，海拔5897米，是世界上最高的活火山。

圣海伦斯火山：位于美国的华盛顿州，在1980年喷发之前，山顶布满积雪，被称为"美国的富士山"。

雷尼尔火山：位于华盛顿州，是美国最高的火山，常年被冰雪覆盖。

日本富士山：位于日本梨县东南部与静冈县交界处，海拔3776米，是日本第一高峰。

埃特纳火山：位于意大利的西西里岛，是一座著名的活火山，共爆发200多次。

比亚利卡火山：位于智利普孔小镇的比亚利卡湖畔，银装素裹，风景秀美。

桑托林火山：位于希腊爱琴海的桑托林岛上。20世纪中有过3次小规模的喷发。大约在公元前1645年有过一次猛烈的喷发。

三色湖之谜

在印度尼西亚努沙登加拉群岛的佛罗勒斯岛上的克利穆图火山山巅，距英德市60千米远的地方，有一个非常奇特的三色湖。按水面颜色，三色湖分左湖、右湖、后湖3个部分：左湖湖水艳红，右湖湖水碧绿，后湖湖水淡青。三色湖由3个火山湖组成，它们彼此相邻，有着艳红色湖水的左湖是其中最大的一个，直径约400米，水深达60米。其它两湖的宽度一般都在200米左右。1982年出版的《印尼大百科全书》里面曾经提到，三色湖是由于很早以前的克利穆图火山爆发而形成的。这3个火山湖里的湖水，是因为含有不同的矿物质而颜色各不相同。呈艳红色的左湖湖水中含有大量的铁矿物质，呈碧绿色的右湖和呈淡青色的后湖湖水中则

含有大量的硫磺。每到中午的时候，三色湖湖面上常常笼罩着白茫茫的云雾，就如同披上了白色的轻纱一样，异常美丽。可是到了下午的时候，湖面上却经常乌云密布，

遮住了日光，劲风把湖里的硫磺气味吹起，令人感到不寒而栗，仿佛这里是另外一个世界。三色湖周围群山环抱，重峦叠嶂，林木葱茏，

奇石矗立，繁花争艳。银白色的瀑布从陡峭的山崖直泻而下，蜿蜒曲折的河流在深山幽谷里静静地流着。站在山巅远眺，密林、小河、湖水尽收眼底，一座座灰色的茅屋，就像碧海上的点点渔帆。三色湖的岸边绿树成行，浅水处芦苇丛生，偶尔还能看到成群的天鹅嬉游其间。湖中水生植物繁茂，游鱼种类非常之多。不仅如此，在三色湖周围地区，还流传着一个古老的传说：很久以前在克利穆图火山脚下，有一对青年恋人发誓要结成夫妻，但遭到双方父母的极力反对。后来，他们来到神秘的三色湖畔，投入到呈艳红色的湖水中，双双身亡。从那以后，当地居民每逢佳节都会将丰盛的祭品投到湖里，祈求天神保佑那对青年恋人。

除了印度尼西亚的三色湖，在西藏昌都地区海拔4200米左右的的边坝县边坝镇境内也有一个三色湖，这个湖的景色也非常之美：一个湖群三个湖，色彩却各不相同，黄、白、黑，湖色各异，非常奇特！雪山、森林、绿草如茵，飞瀑直下，云雾绕山间，清涧石上流，尤为壮美！白湖藏语称"错嘎"，湖色灰白，绿树倒映于湖面，鱼儿跳跃于湖上。黑湖藏语称"错那"，是三湖中面积最大的湖，远看似墨，群山环抱，深不可测。而且黑湖与白湖通过小溪相连起来，仿佛母子一般。黄湖藏语称"错斯"，是三湖中面积最小的湖，太阳光下，水色金黄，雨雾连天，湖土同色。关于三色湖的成因，目前有三种说法，但都还没有最后定论。一种说法是因为水深各异，故色彩不同；一种说法是因为湖边岩石矿物质的不同，造成湖色不同；还有一种说法是因为湖底水生植物不同，故湖色不同。

百慕大岛之谜

百慕大群岛由7个主岛及150余个小岛和礁群组成，呈鱼钩状分布。百慕大岛最大。岛上多火山岩熔，低丘起伏，最高海拔73米。附近水域产鱼和龙虾。工业有船舶修理、小船制造、制药，还有手工艺品等。周围海底富石油气体水合物。因为此地经常发生船只和飞机失踪的事件，被人们称之为神秘的百慕大三角区，是著名的世界之谜。

一种说法认为，那里有一种突发性的磁场在起作用。还有的把反常现象的出现与所谓来地球造访、潜入海底的外星人联系起来，说他们掌握了强大的激光，凡进入该激光作用场的人要么死亡，要么就受到"第四维"即时间隧道的制约。

一种说法认为，这些失踪是自然原因造成的。这些自然原因主要包括以下几种：

（1）磁场说。在百慕大三角出现的各种奇异事件中，最常发生罗盘失灵的事件。这使得人们把这些奇异事件和地磁异常联系在一

一次有趣的试验。他们在百慕大三角区架起两台磁力发生机，输以十几倍的磁力，看会出现什么情况。试验一开始，船体周围就立刻涌起绿色的烟雾，然后船和人都消失了。试验结束以后，船上的人都受到了某种刺激，有些人经过治疗以后恢复了正常，可有的人却因此而神经失常。事后，袭萨博士也不知为何突然自杀了。临死前，他只是说试验出现的情况与爱因斯坦的相对论有关，便再也没有留下任何论述，以致连试验的本身也成了一个谜。

（2）黑洞说。黑洞是指天体

起。在百慕大三角海域失事的时间多在阴历月初和月中，恰巧这个时期正是月球对地球潮汐作用最强的时候。大家都知道，地球的磁场有地磁南极和地磁北极，但它们的位置却是在不断变化中的。因此，地磁异常容易造成罗盘失误而使机船迷航。还有一种看法认为，百慕大三角海域的海底有巨大的磁场，它能造成罗盘和仪表失灵。1943年，一位名叫袭萨的博士曾在美国海军配合下做过

中那些晚期恒星所具有的高磁场超密度的聚吸现象。虽然人们看不见黑洞，但是黑洞却能吞噬所有的物质。很多学者指出，出现在百慕大三角区机船不留痕迹的失踪事件，很像宇宙黑洞的现象。因为，除此之外再难解释它何以刹那间会消失得无影无踪的问题。

（3）次声说。次声是声波的一种，是频率低于20HZ的声音。其声音产生于物体的振荡。人所能听到的声音之所以有低浑、尖脆之分，这是由于物体不同的振荡频率所致。频率低于20次／秒的声音是人的耳朵听不见的次声。次声虽听不见，但是却有极强的破坏力。百慕大海域地形的复杂性，加剧了次声的产生及其强度。

（4）水桥说。这种说法认为百慕大三角区的海底有一股不同于海面潮水涌动流向的潜流。因为，在太平洋东南部的圣大杜岛沿海，有人发现了在百慕大失踪船只的残骸。当然只有这股潜流才能把这船的残骸推到圣大杜岛来；当上下两股潮流发生冲突时，就是海难产生的时候。而海难发生之后，那些船的残骸又被那股潜流拖到远处，这就是为什么在失事现场找不到失事船只的原因。

（5）晴空湍流说。晴空湍流是一种极特殊的风。这种风产生于高空，当风速达到一定强度时，便会产生风向的角度改变的现象。这种突如其来的风速方向改变，常常又伴随着次声的出现，这又称"气穴"。航行的飞机碰上它便会激烈震颤。当然严重的时候，飞机就会被它撕得粉碎。

还有一种说法认为，造成百慕大海域经常出

现沉船或坠机事件的元凶是海底产生的巨大沼气泡。在百慕大海底地层下面发现了一种由冰冻的水和沼气混合而成的结晶体。当海底发生猛烈的地震活动时被埋在地下的块状晶体被翻了出来，因外界压力减轻，便会迅速气化。大量的气泡上升到水面，使海水密度降低，失去原来所具有浮力。恰逢此时经过这里的船只，就会像石头一样沉入海底。如果此时正好有飞机经过，当沼气遇到灼热的飞机发动机，无疑会立即燃烧爆炸，荡然无存。可是，对于此种说法有人提出反对意见。他们认为这些奇特的失踪现象彼此间并无联系，因而也就否定百慕大魔鬼三角的存在。

可是，上述种种说法也都仅仅是假说而已。而且，每一种假说只能解释某种现象，而无法彻底解开百幕大岛之谜，希望这个谜底终有一天能被科学家们揭开。

科学百花园

九十三名船员骤然衰老之谜

在百慕大魔鬼三角区曾经出现过这样的怪事，一艘前苏联潜水艇一分钟前在百慕大海域水下航行，可一分钟后浮上水面时竟在印度洋上。在几乎跨越半个地球的航行中，潜艇中九十三名船员全部都骤然衰老了五至二十年。

该潜艇指挥官说当时他们正在百慕大执行任务，可是不知为何，潜艇突然下沉。当时他们的领航仪表明他们的位置在非洲中部以东，与他们下沉之前的位置相差了1万千米。于是，他们立即与前苏联海军总部进行无线电联系，结果证实他们潜艇的位置的确在印度洋而不在百慕大。而且这艘潜艇上的人员明显地衰老了，典型特征是：皱纹、白发、肌肉失去弹性和视力衰退等。从使人衰老这方面看，这的确是一个悲剧，但从科学上看，这却是一个可喜的新发现。这些船员所经历的事告诉我们，可能有一个比地球时间快的时间隧道。

会移动的石头之谜

美国加利福尼亚州的死亡谷有一种会自已移动的石头，它在地面上移动的时候还会留下平行滑行痕迹。对于这个奇怪的地质现象，直到今天，科学家还无法给出合理的解释。虽然我们未实际目睹石头的真实移动，但是从观测来看这种实质性移动是存在的。在此之前，人们曾听说过在死亡谷大篮子火山口的27英里长的路线上存在着强劲风，但是在跑道盆地的风尽管强劲，却无法将石头吹动。

令科学家颇有兴趣的是，石头滑行留下的痕迹显示在泥浆以下1英寸处存在着一个坚硬的土壤层。科学家们观测了死亡谷近期几次风暴中留下的其他泥浆洞，以及测量岩石滑行中陷入土壤中的深度。结果表明这些石头甚至像是在汤状泥浆表层中滑行，陷入泥浆中不超过1英寸，这也就可

以解释为什么这些石头没有深陷入泥浆中。

与此同时，科学家也指出，没有迹象表明这些石头的移动是由于陷入泥浆中"冰筏"造成的，在数英里盆地区域内泥浆干燥时的迹象显示，这里的泥浆以下并不像存在着水源或冰层。而且从移动留下的痕迹来看，似乎石头的移动是在盆地中没有水时形成的。此外还有一个奇特的现象是石头移动后土壤的堆积变化，科学家看到石头移动留下4至5英寸宽的土壤堆积，在石头移动最前方堆积着1至2英寸厚的土壤，从而显示石头移动时土壤十分松散。假设这如果是暴风天气或其他循环风力导致的，但为什么人们从未看到如此强劲的暴风现象。而且这些石头移动的痕迹很短，在土壤中留下的滑行深度也不深。但是这些移动痕迹很少有规律，却清晰可见。奇特的是，能够清晰地看到4～5处石头移动的轨迹都是平行的。这种石头移动现象，也不可能是由于人为故意造成的，如果某人故意将这些石头移动，会在盆地表面留下足迹的。

目前，对于死亡谷跑道盆地中的石头移动现象仍是一个谜团，包括科学家在内都无法准确定论进行解释，他们只能提出一种牵强的解释——当处于泥浆和暴风中，这些石头也同时在移动。这个谜团仍有待于日后科学家的努力研究。

奇特古井之谜

◆江村古井

在安徽省铜陵县天门镇江村的顺牌公路边,有一口奇特的古井。据江村的一位老人介绍,江村《江氏宗谱》记载,村头古井修建于明朝初年,已有六百年历史。它是天门镇江村1000多名村民生活用水的唯一来源。江村是具有800余年历史的古村落,古井位于村头的小河与顺牌公路之间,井口是一块边长约1.6米、厚约0.5米的整块青石雕凿而成,井口直径约0.8米。古井周围有一道村民为保护古井砌筑的石围栏。让人称奇的是,古井与附近的一条小河距离只有2米左右,但井水的水位却要比河水高出近一米,即使是在大旱的年份水位也不降。由于井水水位高,村民从井中打水时,把挂在扁担上的水桶伸进

井内就能打上来。虽然井口面积不大,但井内由鹅卵石堆砌的含水层却是井口面积的十倍有余,这是古井不管有多少人连续取水,水位不

降的主要原因。

◆ 雅安古井

　　四川号称天府之国，自然有许多神秘的地域和奇特的现象不为人们所知。比如四川的雅安地区，就有一座神奇的山，名为蒙顶山。这座山上有一口古井，为蒙顶山增添了不少的神秘色彩。传说每当人们打开井盖的时候，就总会有或大或小的雨滴从天而降，有时更是狂风大作、雷雨交加。为什么会发生这种现象呢？只要开盖就会下雨的说法是真是假？这神奇的古井背后到底有着怎样的秘密？

　　据雅安地区的当地人称，居住在蒙顶山一带的居民都知道这口井，它有着一种神秘的力量。不管再大的太阳，再好的天气，只要把这口井的盖子打开，别

处不下雨，井头顶上都要下雨。把盖子盖上，再没有落雨，盖子不盖，就长期落雨。据史籍记载，这口井名叫甘露井，又名古蒙泉，始建于西汉年间，迄今已有两千多年的历史，这不禁让人感到甚是意外，因为在中国西部众多的名山大川中，蒙顶山只不过是一座名不见经传的小山，海拔也不过一千多米，可为什么如此普通的山中的一口井，会受到如此之礼遇，并记载于古籍之中呢？难道是和甘露井开盖下雨的神奇现象有关？据史书记载，那口井里面本来有一条龙，这条龙在蒙山那一带经常兴风作雨，甚至还能使当地产生类似泥石流之类的灾难，后来当地的政府和村民为了镇压这条龙，就修了一个井把它盖在里面，一旦揭开这个井盖，它就会从里面出来，出来以后自然就会下雨。在蒙顶山附近居住的村民中，也流传着有关这口古井众多版本的传说，传说中都试图解释着揭盖下雨的神奇所在，但由于代代相传，时间久远，至今都无人能解释这种神奇现象的缘由到底是什么。时间一长，蒙顶山的村民们都觉得这甘露井是有神灵庇护的，甚至一些村民还时常会上香祷告，祈求风调雨顺。

其实，蒙顶山山顶上空气湿度很大，常常是云雾缭绕，也就是说，空气中的水汽含量多数时间是处于饱和和接近于饱和状态。开盖，主要是振动，开盖不光是开盖，它还有吼的声音，因为吼的声音引起空气振动，这样子因为湿度很大，就产生一点降雨，根据分析，它之所以降雨的原因主要是振动。甘露井的井盖虽然不大，但是却很重，掀动它的时候会产生很大

的振动声响，难道是这振动产生的声响影响到了天气变化吗？关于声波振动，气象学界有一个非常经典的学说，就是蝴蝶效应，举个例子来说，就是在亚马孙热带雨林中的一只蝴蝶，振动几下翅膀就引起了它周围空气的变化，紧接着就会引起热带气旋，最后在美国东海岸引起了飓风。虽然这只是个推理出的假象学说，但是不能不说它有一定的科学道理。

也有人认为，这种降雨现象应该跟山上的气候有很大的关系。蒙顶山当地天气比较冷，空气比较潮湿，那个井里面空气就更冷一点，温度更低一点，如果把那个井盖揭开，人手伸下去以后，里面感觉到凉凉的。如果关在里面的时间长了，空气的湿度很大，温度很低，特别是天气很热的时候，一旦揭开，里面的冷空气出来，湿空气一出来以后，与热空气一接触马上就形成雨。而且蒙顶山这个地方，海拔高度在1500米左右，降水非常充沛，降水概率非常大。从气象学的角度，这个降水和揭井盖没有必然的联系。因为老是揭井盖以后，可能或早或晚的时候，就有降水发生，所以掀盖降雨也有可能是一种巧合。

科学百花园

有关井的成语

井井有方：形容有条理有办法。《醒世恒言·张孝基陈留认舅》："孝基条分理析，井井有方。"

井井有序：亦作"井井有绪"。有条理，有秩序。《狼透铁》："起早贪黑地奔波，饲养上、副业上、保管上，样样项项料理得井井有绪。"《乡亲——康天刚》四："一切都是井井有序，和往常一样。"

井井有法：有条理、有法度。《聊斋志异·白于玉》："女外理生计，内训孤儿，井井有法。"《志异续编?某邑令》："料理家事，井井有法。"

井井有条：《荀子·儒效》"井井兮其有理也"。形容条理分明，整齐不乱。《通邵领判范启》："试以剧烦，井井有条而不紊。"《儒林外史》第十三回："鲁小姐上侍孀姑，下理家政，井井有条。"《神拳》第二幕："万没想到你会这么细心，井井有条，一丝不紊。"

第四章

动植物之谜

地球是一个神秘的星球，它属于银河系中的太阳系，处在金星与火星之间，是太阳系中距离太阳第三近的行星。其形状象球而略扁，周围有大气层包围着，表面是陆地和海洋，有人类生存，是目前发现的唯一一个具有生命个体的行星。除了人类之外，地球上还存在着大量的动植物。植物是生命的主要形态之一，是生物界中的一大类。一般有叶绿素，没有神经，没有感觉。包含了如树木、藤类、蕨类、灌木、青草、地衣及绿藻等熟悉的生物，植物它是能够进行光合作用的陆生中生物多细胞真核生物。动物是自然界的一大类，具有与植物不同的形态结构和生理功能，以进行摄食、消化、吸收、呼吸、循环、排泄、感觉、运动和繁殖等生命活动。

动物、植物以它们独特的方式生存在地球上，有的已经被人类所认识或熟知，还有的等待着人们去探索、去发现。比如说距今大约2亿3500万年至6500万年前的庞然大物恐龙的神奇灭绝、蝎子缘何自杀、神出鬼没的尼斯湖水怪、植物究竟有无感情、葵花为什么向着太阳开、植物也像人类一样需要睡眠等，这些都是当今世界上动植物领域中的未解之谜，多年来一直困惑着人们。在这一章里，我们就一起来谈一下自然界里这些让人迷惑不解的动植物。

恐龙灭绝之谜

在距今大约2亿3500万年至6500万年前，地球上生活着一种能以后肢支撑身体直立行走的陆生动物——恐龙，它们是中生代的多样化优势脊椎动物，大多数属于陆生爬行动物，但是能够直立行走。这群陆生动物支配全球陆地生态系统超过1亿6千万年之久，可是这样一个主宰地球如此之久的庞大动物类群却在白垩纪末期突然覆灭，这究竟是什么原因呢？就目前来说，主要存在以下几种说法：

（1）陨石碰撞说

1980年，美国科学家在6500万年前的地层中发现了高浓度的铱，其含量超过正常含量几十甚至数百倍。于是，科学家们就认为它与恐龙的灭绝有一定的联系。根据铱的含量，科学家们还推算出撞击物体是直径大约10千米的一颗小行星。对地球来说，被这么大的陨石撞击，绝对是一次无与伦比的打击。如果以地震的强度来计算，大约相当于里氏10级，撞击产生的陨石坑直径也将超过100千米。经过10年的研究探索，科学工作者们终于有了初步结果，他们在中美洲墨西哥犹卡坦半岛的地层中找到了这个撞击产生的陨石坑。据推算，这个

陨石坑的直径大约有180千米～300千米。正是那一场陨石撞击地球的可怕灾难，产生了铺天盖地的灰尘，使得极地冰雪融化，植物毁灭，火山灰也充满天空。刹那之间暗无天日，气温骤降，大雨滂沱，山洪暴发，泥石流将恐龙卷走并埋葬起来。生物史（恐龙）与地质史（中生代）上的一个时代就这样结束了。

（2）火山爆发说

这种说法是由意大利著名物理学家安东尼奥·齐基基最近提出的，他认为恐龙大绝灭的原因非常可能是大规模的海底火山爆发。火山爆发会喷出大量二氧化碳，造成地球急剧的温室效应，使得植物死亡。而且，火山喷发使得盐素大量释出，臭氧层破裂，有害的紫外线照射地球表面，造成生物灭亡。

齐基基教授提出，白垩纪末期，地球上在海洋底下发生了一系列大规模的火山爆发。恐龙这种庞然大物就是因为火山爆发的影响而无法生存。齐基基教授认为，以前科学界对海底火山爆发的情况知之甚少，现在需要对这种严重影响地球环境的现象进行

深入的研究。对此，他举了一个很好的例子，格陵兰过去曾经植被茂密，但是当全球性的海洋水温平衡变化以后，寒冷的洋流改变流向后经过了格陵兰，把这个大大的岛屿变成了冰雪覆盖的大地。这就是海洋水温平衡变化对气候产生巨大影响的一个典型例子。海底火山活动是影响海洋水温平衡变化的一个重要因素。因此，齐基基教授认为海底火山的大规模爆发引起的海洋水温平衡变化是研究恐龙绝灭问题的一个重要参考因素。

（3）温血动物说

过去所有的科学家都认为恐龙是冷血动物或变温动物，但是随着化石资料的日渐增多，人们的认识也开始发生了很大变化。有人提出，某些恐龙可能是温血动物。首先，他们认为有些恐龙行动非常敏

捷，它们不是像蛇一样在地上爬行，而是靠两条后腿在地面上跑动，其速度可达每小时20～90千米。因此，恐龙这种生物不仅要有强壮的心脏，而且还要维持较高的新陈代谢，但是这些显然不是冷血动物能够做得到的。其次，恐龙的食量都很大，研究推测，一头30吨重的蜥脚类恐龙，每天大约要吃掉近2吨的食物，冷血动物是绝不会需要这么多的能量的。从食肉恐龙的数量远远大于食草恐龙的数量来

看，这一点也非常合理。还有一些身体较小的恐龙，它们身上大都覆盖着一层羽毛或毛发，这也是为了防止体温的散失。除此之外，如骨胳的研究，也初步表明一些恐龙是温血动物。可是，恐龙是温血动物的说法一经提出，就受到各种强烈的抨击，到底结论如何，目前还无法定论。

有些人认为，即使恐龙是温血性动物，但是它们的体温仍然不高，可能也就和现生树獭的体温差不多。如果要维持这样的体温，也只能生存在热带气候区。同时，恐龙的呼吸器官也还不算完善，不能充分补给氧。而它们不仅没有厚毛遮盖以避免体温丧失，而且它们的长尾和长脚还极易丧失大量的热量。跟冷血动

物相比，温血动物有一个特别之处，那就是如果体温降到一定范围之下，就需要通过消耗体能来提高体温，因此身体也就很快会变得虚弱。恐龙如此庞大的体躯，根本无法进入洞中避寒，所以如果寒冷的日子持续几天，它们就会因为耗尽体力而被冻死。但是，有人可能会对这种学说提出一个很大的疑问：并不是所有的恐龙都是那么庞大？也不一定都不能躲进洞里避

难啊？所以这种学说也无法让人信服，还需要修正。

（4）自相残杀说

气候问题导致植物大量灭绝，从而使以植物为食的食草恐龙渐渐灭亡，而肉食者也因为没有了食物，自相残杀而灭绝。可是，这种说法也存在一定的疑点：既然是植物灭绝导致了恐龙的灭绝，为什么吃昆虫的杂食性恐龙也全部灭

绝了，而其他的一些动物却安然无恙呢？

（5）哺乳类进化说

根据化石的记录，在中生代后半期已经有哺乳类的祖先生存。可是，当时的哺乳类体型比较小，数量也非常有限，直到白垩纪的后期，哺乳类动物的数量才开始迅速增加。据推测，它们一般属于以昆虫等为主食的杂食性动物，这些小型哺乳类非常喜欢食用恐龙的卵，最终使得恐龙遭遇严重的生育危机，从而走向灭绝。

（6）物种的老化说

由于恐龙的繁荣期长达1亿6千多万年之久，使得其肉体过于巨大。而且，它们的角和其它骨骼也出现异常发达的现象，因此给它们的生活带来了很大的不便，最终导致绝种。比如说恐龙中最具代表性的迷惑龙，体长二十五米，体重达三十吨，由于体型过于庞大，动作特别迟钝，从而丧失了生活能力。另外，还有三角龙，因为不断巨大化的三只角以及保护头部的骨骼等部位异常发达，而走向了自我毁灭

的道路。可是，对于这种说法，还存在一定的疑点：并不是所有的恐龙体型都如此庞大，有一种小恐龙体长也就不过一米左右。另外，还有骨骼像鹿一般，能够轻快奔跑的恐龙。为什么这种恐龙也同时灭绝了呢？而且，在冷血动物体内，异常发达的骨骼等部位能够吸收外界的温度，也能放出自身体内的热量来调节身体的温度，具有非常有利的功能。由此可见，这种因为恐龙物种的老化而绝种的说法是没有科学依据的。

（7）繁殖受挫理论

目前，在世界上很多地方陆续发现了古老爬行类的蛋化石，尤其是恐龙的蛋化石。按照形态结构，恐龙蛋可以分为短圆蛋、椭圆蛋和长形蛋等种类。还有一件有趣的事，恐龙蛋的大小变化范围

很大、蛋壳厚度及其内外部"纹饰"、蛋壳结构及其壳层中的锥状层和柱状层比例变化范围都有很大的差异。为了深入开展恐龙蛋内部特征的研究，科学家已经采用了很新的技术和多种方法，如扫描隧道显微镜，x射线衍射仪，偏光显微镜，CT扫描仪等。

近年来，我国科学家首次采用CT技术对山东莱阳出土的恐龙蛋化石进行了无损伤内部结构特征的研究，结果发现山东莱阳的一些恐龙蛋化石具有除了CT技术方法之外

无法观察到的恐龙胚胎。有些科学工作者认为，恐龙胚胎的变形与错位，很有可能使得恐龙蛋无法正常孵化，从而使恐龙走向衰弱并最终灭绝。

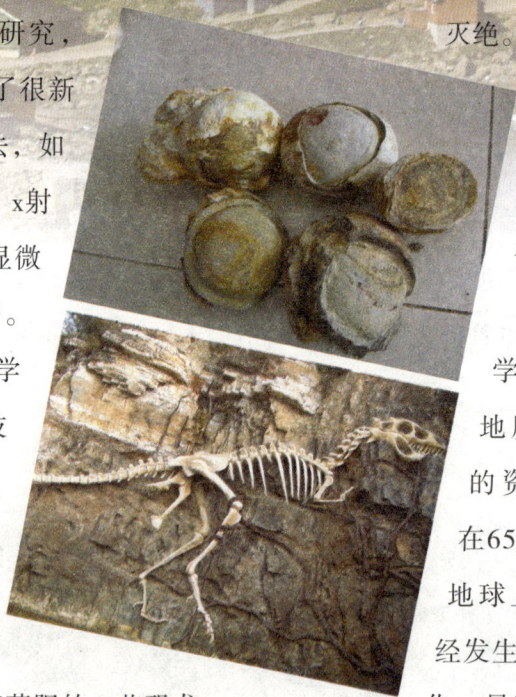

（8）气候骤变说

一些科学家根据深海地质钻探得到的资料分析，在6500万年前，地球上的气候曾经发生过异常的变化，导致温度忽然升高。这种变化使恐龙等散热能力

较弱的变温动物根本没法适应环境的变化，从而引起其身体中的内分泌系统紊乱，尤其是雄性个体的生殖系统遭受到极其严重的损坏。结果，恐龙无法繁殖后代，最终走向了灭绝。

除此之外，还有一种理论也认为是气候骤变引起恐龙绝灭，但是其推测的过程却和上面的说法完全不同。持这一理论的学者认为，在距今大约7000万年前，北冰洋与其它大洋之间被陆地完全隔开，那咸咸的海水在最后的日子里，因为各种因素的作用渐渐地变成了淡水。到了距今6500万年前，分隔北冰洋与其它大洋的"堤岸"突然发生了决口。大量因淡化而变轻的北冰洋的水流入其它大洋。由于北冰洋的水温度很低，这些"外溢"的冷水形成了一层冷流，使得地球大洋的海水温度迅速地下降了大概20度。海洋温度下降以后，大陆气候也因此受到了影响，大陆上空的空气变冷。同时，空气中的水蒸气含量也迅速减少，陆地上普遍干旱。陆地上的这些气候变化产生的综合结构就是，恐龙灭绝了。

一些科学家发现，在恐龙灭绝

之前的白垩纪末期，恐龙蛋的蛋壳变得比之前薄，这充分说明在恐龙大绝灭之前有气候急剧变化造成的作用。我国的一些古生物学家也发现，在一些化石地点产出的恐龙蛋中，临近绝灭时期的那些恐龙蛋蛋壳上的气孔比其它时期的恐龙蛋蛋壳中的气孔要少，这与当时气候变得寒冷干燥有很大关系。

（9）大气成分变化理论

白垩纪末期的恐龙大绝灭是生物历史上的一个未解之谜，科学家曾经提出了一个又一个的理论试图解释其灭绝的原因，

可是至今为止也没有任何一个理论能让所有人信服。较为流行的的说法是小行星撞击地球引起的灾难导致了恐龙的灭绝，但是这一理论也并不完善。如果真是小行星撞击造成的灾难引起了恐龙的灭绝，那么为什么鸟能够度过劫难而一直生存到现在呢？正是由于这一疑问，使得人们不得不再去寻找其它的思路来分析恐龙绝灭的原因。

经过科学家们的不断分析研究，我们了解到，在地球刚刚形成的遥远年代里，空气中基本上没有氧气，二氧化碳的含量却很高。后来，随着自养生物的出现，光合作用开始了消耗二氧化碳和制造氧气的过程，从而改变了地球上的大气环境。同时，二氧化碳一方面通过生物的固定以煤、石油沉积在地层里，另一方面也通过有机或无机的过程以各类碳酸盐的形式沉积下来。有证据表明，恐龙生活的中生代二氧化碳的浓度很高，而其后的新生代二氧化碳的浓度却较低。这种大气成分的变化是不是与恐龙灭绝有一定的关系呢？

大家都知道，任何生物都要在适当的环境里才能够正常地生活，环境的变化常常能够导致一个物种的兴衰。当环境有利于这一物种时，它就会兴旺发展；而当环境不利于这一物种时，就会使其衰落甚至绝灭。环境因素除了包括温度、水等因素之外，还包括大气的成份。那么，大气成份的变化会不

会对生物的生活有所影响呢？答案是肯定的。例如，人处在二氧化碳浓度较高的环境下会有生命危险，而有些动物甚至比人对二氧化碳的浓度变化更为敏感。

恐龙生活的中生代，大气中的二氧化碳的含量较高，也只有在那种大气环境中，它们才能很好的生活。当时，尽管哺乳动物也已经出现，但是它们始终没有得到大发展，也许正是因为大气成分以及其他环境对它们并不十分有利，因此它们在中生代一直处于弱小的地位，发展缓慢。然而，到了白垩纪末期时，大气环境发生了巨大的变化，氧气的含量增加，二氧化碳的含量降低，这种生存环境给恐龙带来了很不利的影响。主要体现在两个方面：一是在新的环境下，恐龙的身体发生了不适，很容易得病，而且疾病象瘟疫一样蔓延。二是新的大气环境更适于哺乳动物的生存，哺乳动物成为更先进、适应性更强的竞争者。于是，在这两种因素的作用下，恐龙最终走向了灭亡。

（10）综合原因说

恐龙的灭绝只有在各种内外界因素共同作用下才会发生，所以这种说法认为单一的原因很难导致恐龙灭绝，恐龙灭绝是一个复杂的过程，它是由多方面原因共同造成的结果。

科学百花园

恐龙的分类

根据恐龙腰带的构造特征不同，可以划分为两大类：蜥臀目、鸟臀目。

蜥臀目：分为蜥脚类和兽脚类。蜥脚类又分为原蜥脚类和蜥脚形类。原蜥脚类主要生活在晚三叠纪到早侏罗纪，是一类杂食—素食性的中等体型的恐龙，它们绝大多数都是巨型的素食恐龙。头小，脖子长，尾巴长，牙齿成小匙状。兽脚类生活在晚三叠纪至白垩纪。它们都是肉食龙，两足行走，趾端长有锐利的爪子，头部很发达，嘴里长着匕首或小刀一样的利齿。

鸟臀目分为5大类：鸟脚类、剑龙类、甲龙类、角龙类和肿头龙类。

鸟脚类：它们两足或四足行走，下颌骨有单独

的前齿骨，牙齿仅生长在颊部，上颌牙齿齿冠向内弯曲，下颌牙齿齿冠向外弯曲。它们生活在晚三叠纪至白垩纪，全都是素食恐龙。

剑龙类：四足行走背部具有直立的骨板，尾部有骨质刺棒两对或多对。剑龙类主要生活在侏罗纪到早白垩纪，是恐龙类最先灭亡的一个大类。

甲龙类：体形低矮粗壮，全身披有骨质甲板，以植物为食，主要出现于白垩纪早期。

角龙类：用四足行走的素食恐龙。头骨后部扩大成颈盾，多数生活在白垩纪晚期。

肿头龙类：主要特点是头骨肿厚，颞孔封闭，骨盘中耻骨被坐骨排挤，不参与组成腰带，主要生活在白垩纪。

动物自杀之谜

人类在遭遇痛苦的时候，有时会选择自杀来结束自己的生命，这已是司空见惯的事情。但是，动物界竟然也发生过昆虫自杀之事，虽然这样的事件不是很多，但这些低等动物的自杀原因却让人迷惑不解。

就拿蝎子自杀来说吧，动物学家发现，无论是在自然条件下还是在实脸条件下，蝎子对火都畏若神明。如在野外遇火，便躲在碎石下，树叶下或土洞中不出来，要是大火把它们团团围住，它们便会弯起尾钩，朝自己背上猛刺一下，然后便软瘫在地上，抽搐着死去。有人认为蝎子的这种自杀行为是在进化中形成的，是古代蝎子恐火的性格遗传给了后代的缘故。但是也有人对此提出反对意见，因为根据解剖学家和生化学家对蝎子的研究发现，蝎子并不是死于自己的蝎毒。还有人认为，蝎子天生习惯于阴暗、潮湿的环境，一旦见到光明，便本能地弯起尾巴，假装自裁而死，这样更有利于保护自己。事实究竟如何？直到今天仍是一个未解之谜。

在欧洲北部娜威的高寒地区，有一种奇怪的小老鼠。它们黑褐

色的皮毛中夹杂着白斑花点，短小的身躯仅有成人的手掌般大小，由于它有迁移的习性，所以人们给它们起了个名字叫北欧旅鼠。令人不解的是，大约每隔三四年，人们就会看到这种鼠大批大批地集体在娜威海岸投海自杀。从最早的目击者记录算起，至今已有一百多年了，这种现象仍然有增无减地继续有规律地发生着。

虽然这种现象早已经吸引了有关专家的注意，但至今仍然没有能够令人信服的权威性答案出现。

有人认为迁移是旅鼠为求得生存而采取的手段，早在1万多年前，它们就有规律地跨越波罗的海和北海到对岸的陆地另觅乐土，那时海峡尚很狭窄，因此想过渡到对岸非常容易。可是，随着时间的推移，波罗的海和北海海面越变越宽，海浪越来越湍急，而旅鼠对这一切都毫无所知，依然按照它们的老习惯兴致勃勃地企图游过海到达对岸，一旦它们毫不犹豫地跳入海中就会由于无力抗击海流的巨大冲力而整批整批的葬身大海。但是，对于此种说法有人提出疑问："难道旅鼠们就不能

从一次又一次的惨败中吸取教训，再寻路线？"因此，这种说法是站不住脚的。

还有人认为旅鼠的投海行为是动物界"计划生育"的手段，这种鼠繁殖能力极强，一只雌鼠每年至少可以生10只小鼠，而鼠仔在6周后就已经发育成熟，进入繁殖期。如果每次繁殖有一半是母鼠，那么一年之内可由一只母鼠发展到三四千只。由于鼠类繁殖过快造成了居住地食物供不应求的现象，从而破坏了这种鼠界的生态平衡。为了维护其与自然界的生态平衡，它们当中许多不适应生存的成员，便明智地选择了自杀。可是，如果真是这样的话，为什么造物主不削减这种鼠的繁殖能力，却把更多无辜的生灵逼入海底？希望人类能早日揭开这则谜底。

俗话说："人为财死，鸟为食亡。"以常理推断，鸟类断不会有轻生的举动。在我们的印象当中，

鸟类都是些活泼开朗，能歌善舞的乐天派，它们怎么会自寻死路呢？

在印度的北部有个小村庄，很久以前一个风雨交加的夜晚，村庄里的一伙村民打着火把，焦急地寻找一头失踪的水牛，忽然发现大群的鸟儿迎着火光飞来，纷纷落在地上。由于这里粮食不足，村民们经常挨饿，见到这些送上门来的鸟儿自然是惊喜万分，美餐一顿。从这以后，每逢刮风下雨的夜晚村民们便打着火把，在院子里坐等飞鸟送上门来。这种世上罕见的群鸟自杀现象已持续将近百年了，却没人知道是何原因。近年来，印度动物研究所和阿拉姆邦林业局为了揭开鸟类自杀之谜，在村庄附近设立了一个鸟类观察中心，修建了一座高高的观察塔。他们收集到的飞到这个村庄寻死的鸟共有将近20

种，有牛背鹭、王鸿鸟、绿鸿鸟、啄木鸟和四种翠鸟，还有许多叫不出名的鸟。除此之外，观察中心还在这里修建了鸟类图书馆和饲养场，把飞到这里的活鸟弄来饲养。奇怪的是前来寻死的鸟拒绝进食，两三天内便都死了，真是让人无法理解。

有人认为这种现象可能与这里的地理位置有关。黑暗、浓云密雾、降雨和强烈的定向风是这些鸟类诱光的必不可少的条件。那么这些鸟都是从哪里来的呢？只因诱光，便非得集体与火同尽？而且，那些自寻而来的鸟为何拒绝进食？至今为止，这个群鸟集体自杀的科学谜底仍然没有人能够解开。

科学百花园

蝎子的药用价值

随着现代医学的发展，国内外对蝎毒进行分离纯化的研究证明，蝎毒中毒蛋白不仅含量高，而且还具有独特的生理活性，临床上主要用于神经系统、脑血管系统，对恶性肿瘤、顽固病毒病和艾滋病等有特殊疗效。在农业生产中，蝎毒主要用于制造绿色农药。我国对蝎毒的研究起步较晚，应用技术研究相对落后，这已经引起了我国科学工作者的高度重视，其应用技术已进入试生产阶段。

南极海豹干尸之谜

　　冰天雪地的南极大陆号称海豹之乡。科学工作者在那里考察时，发现过许许多多的海豹，论数量可称世界第一，估计有5000～7000万头，平均每平方千米能见到144头各种海豹，构成一道有趣的奇观。但更令人惊奇的是科学家们在一个深谷里发现的海豹木乃伊。这个深谷离海岸近60千米，并不接近大海。而且在这些深深的峡谷里，终年没有冰雪覆盖，气候异常干燥，裸露着大片岩石。这些海豹是怎样到那里去的呢？

　　更使科学考察人员感到奇怪的是，在诸多种海豹品种里，变成干尸的却只有食蟹海豹和威德尔海豹两种。这些海豹一般体长在一米左右，属于幼年海豹，成年海豹的

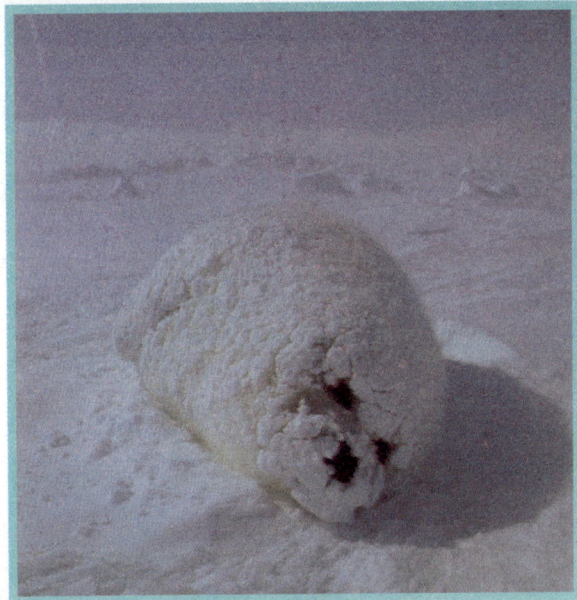

活在远洋，它们怎么会死在距离海岸远达60千米的地方呢？对此，科学工作者产生了极大的兴趣，并进行了仔细的研究和探索，提出了各种各样的假设。归纳起来主要有以下三种。

一是"古海退落说"。坚持这一说法的科学家推测，古代这些干谷地区曾经是一片汪洋大海，后来由于海面降低，海水退落而形成干谷，这些幼年的海豹因未能随着水落逃走，才形成了干尸。可是这一推论，却遭到了地理学家们的反驳，因

数量极少，它们身体形状都完整无缺，由于那里气候干燥寒冷，死去的海豹一点也没有腐烂。人们知道，海豹经常生活在紧靠在海边的陆地上，特别是食蟹海豹，常常生

为这些干谷地区没有古海区地形的遗迹。

二是"海啸论"。坚持这一说法的科学家提出，在几百或几千年以前，这些地区曾经发生过大海

啸，那些幼小的海豹因体重轻和力气小，才被大海波涛抛进了干谷，慢慢地形成了干尸。但是，如果这一说法成立的话，那么应该在许多地方都发现海豹的干尸才对，可为什么只在干谷里的某处才发现了呢？

三是"海豹迷向论"。坚持这一说法的科学家认为，海豹具有爬到岩石上晒太阳的习性，这些海豹是在爬上岸晒太阳的时候，迷失了方向，才进入干谷深处而死在这里的。但这也只是一种推测。

除此之外，对于这些海豹古尸形成的年代，科学家们用放射碳素进行了测定，发现它们已经存在了1210年左右。但是当科学家对同种海豹，用同样的年代测定方法进行测定时，却出现了几百年的数值。因此，这些海豹干尸形成的确切年代，至今也没人能够提出让人信服的说法。

![科学百花园]

海豹分类（一）

（1）斑海豹属：主要分布在北半球的高纬度地区，在我国主要分布于渤海和黄海。主要捕食鱼类，也吃头足类和甲壳类动物。

（2）髯海豹属：主要分布于北冰洋、北大西洋、北太平洋，不分布于南半球。主要捕食底栖动物如：虾、蟹、软体动物以及鲬、鲽等底栖鱼类，但也捕食乌贼。

（3）灰海豹属：主要分布在北冰洋和大西洋。灰海豹的食性很广，但主要是鱼类。

（4）环斑海豹属：环斑海豹主要分布在整个北冰洋、鄂霍茨克海、白令海、波罗的海、拉多加湖和贝加尔湖、里海。食性相当广泛，从无脊柱动物到鱼类，总数超过75种。

（5）带纹海豹属：主要分布于白令海及鄂霍茨克海，喜栖于浮冰上或远离人烟的海岛上，不成大群，食物主要是狭鳕和头足类。

（6）鞍纹海豹属：主要分布于北极海域的俄罗斯北侧、格陵兰周围、及加拿大和纽芬兰北侧，主要捕食鱼类、甲壳类和软体动物。

尼斯湖水怪之谜

在英国苏格兰，有一个因为发现了不明生物而成为旅游胜地的水域——尼斯湖。尼斯湖原本默默无闻，但自从有人在湖面目击到了一种庞大的长颈怪物以后，它吸引着世界各地很多对此长颈怪物有浓厚兴趣的人的目光。多年来，此怪兽像幽灵似的时隐时现，不断有人声称亲眼看到过它。根据那些声称见过它的人们描述，它那蛇一样的头和长脖子，一般伸出水面一米多高，人们较多看到的是怪兽的巨大背部，有人说是两个背，有人又说是三个背；有时它突然露出水面，水从它的肋腹部上像瀑布似的泻下来，一下它又迅速潜到湖下，在湖面掀起一阵恶浪。各种传说都各不相同，而且越传越广，越说越神奇，听起来令人生畏。世界各地的游客受到它的吸引都前往参观，希望能一睹水怪真面目；同时它也吸引着众多科学家和探险者的目光。

1933年的一天，两位尼斯湖当

地的居民偶然看到了一个巨大的生物，此事被英国媒体报道后，引起了世界媒体的轰动，尼斯湖一跃成为全球注目的焦点。自此以后，陆陆续续又有许多人声称目击了尼斯湖的巨大生物。于是有很多人对此进行了调查甚至下水捕捉，结果却令人不太满意，没有发现或明确证明尼斯湖确实有巨大生物的存在。尼斯湖水怪就成了不明巨大生物的代名词。它也与百慕大神秘三角、通古斯大爆炸、野人（包括青藏高原雪人和我国湖北神农架野人等）传说、埃及金字塔等成为全球最著名的不解之迷。

对尼斯湖水怪，伦顿医生威尔森拍摄了一张著名的照片。他的这张照片所显示的巨大生物外形，成为了尼斯湖水怪的代表——其中最显著的特征是它有着伸出水面的长长的脖子。愿意相信尼斯湖水怪的人，包括很多隐密动物专家、生物学家、地质学家对尼斯湖不明生物有着多种解释。

一种解释认为尼斯湖水怪是一种之前没被人发现的史前遗兽。这种情况在过去的发生已经不是个例。过去一世纪或更长一段时间，在海洋和陆地上都发现了好几种曾认为是很久以前就已经灭绝的古代生物。比如1976年就发现了一种叫作巨吻鲨鱼的海洋动物，

但是，尼斯湖水怪是史前遗兽的学说有一些很难解释的问题存在。地质学家们对尼斯湖的地质起源进行了研究，发现尼斯湖处于两个地质断层之间，历经各冰河时期的侵蚀才慢慢形成湖泊，每次的侵蚀湖都变得更深，后来更与海相通，形成了尼斯河。地质学家认为，尼斯湖在每次的冰河时期，都被厚厚的冰层覆盖，表层完全冻结。这样寒冷的条件，大型动物只有温血哺乳动物还有可能生存下来。但尼斯湖的水文条件却不支持这种学说。尼斯湖的湖水非常浑浊，水中光线严重不足。缺乏生机的，连浮游生物在里面能生存的都不多。这样大型的哺乳动物，是不可能在这种食物来源不足的环境下

它就是一种史前遗兽，曾被认为在几十万年前就已经灭绝了，但我们现在却确实发现了它依然还残存在地球的海洋。根据目击者所描述的这种水怪的外形，也有很多古生物专家认为这有可能是史前动物——蛇颈龙在地球的遗留种群。蛇颈龙是与恐龙同时代的史前动物，也被认为在几亿年前就已经灭绝了。那它是不是还有残存的后代生活在我们的地球上呢？人们不得而知。此外，还有一种动物叫原鲸，它的外形象蛇，与描述的尼斯湖水怪很相象。科学家认为它在1800万年前已经灭绝，但也可能尚存。

繁衍下来的。因此，从生物和地质学来解释，尼斯湖水怪都不可能是蛇颈龙或其他大型哺乳动物。

还有一种解释认为尼斯湖水怪是湖里的另一种大型鱼类——鲑鱼，最大的鲑鱼个体可长达四到五英尺长；也有可能是从海洋中偶尔逆水而上的鲟鱼或鳗鱼，他们的个体都很大。但目击者不接受这些解释，他们坚信他们看到的不是这些鱼类——这些鱼类的外形与他们所见到的水怪外形相差太大。

在事情没有调查清楚之前，很多科学家宁肯相信尼斯湖水怪的存在。莱恩斯就是其中的一位。他曾

经求助于对此事热心的人们所提供的资金，采用先进设备对尼斯湖水域进行了两次大型的科学调查。在第二次调查中，他采用了很先进的声呐和水下摄影设备，对整个尼斯湖进行了比较全面的搜索，希望能借助先进的设备找到并拍下水怪的身影。在这次搜索中，他们发现了几个可疑的大型移动物体，但最后除一个没有找到合理解释外，其他的都有合理解释，而且结果证实都不是大型动物。

在另外一次不是针对尼斯湖水怪的科学考察中，科学家也发现了一个大型移动物体，持续的时间约7到9分钟。但是这些可移动物体，因为是在水下，河水也较浑浊，没有拍摄到清晰的照片，究竟是什么也无法得知。

其实，在北半球，不只是在尼斯湖发现了不明长颈生物。在俄罗斯的凯普湖和北美的尚普兰湖也有发现长颈怪物的目击报告。但是，值得一提的是，前面提到的伦顿医生威尔森所拍摄的那张著名照片，在他年老后接受采访时他道出了其中的真相：那是他是为了捉弄当时喜欢捕风捉影的英国传媒而制作的一张假照片。即使如此，地球上是不是真的还存在一种未被发现的大型水生长颈动物，就像尼斯湖水怪一样，仍然是一个未解之谜，还有待科学家今后进一步去深入探索和研究。

科学百花园

尼斯河

尼斯湖Neisse River，波兰语称其为Nysa。波兰西南部两条河流的统称（1945年前属德国）。尼斯-乌日茨卡河较著名，长252千米，为德国、波兰界河；尼斯-克沃兹卡河长182千米，全部在波兰境内。两河均源出苏台德山脉，向北注入奥得河。尼斯河，奥得河左支流。源出捷克苏台德山西缘，北流构成波兰和德国界河。长256千米，流域面积4232平方千米。下游古宾以下可通航。河港有利贝雷茨（捷），齐陶、戈尔利茨、古本（德）和古宾（波）等。尼斯湖即"内斯河"。

植物情感之谜

1966 年 2 月，美国中央情报局的专家巴克斯特在给他院子中的花卉浇水时，脑中突然闪出一个古怪的念头：用测谎仪的电极绑在植物叶片上，测试一下，看看水从根部上升到叶子的速度究竟有多快。结果让他吃惊的是，当水缓慢上升时，电压渐渐下降，而指示曲线却急剧上升。更为有趣的是，这种曲线图形，竟与人类在激动时测到的曲线图形极为相似。难道植物也有"情绪"？如果真的有，那么它又是怎样表达自己的"情绪"呢？巴克斯特暗下决心，要通过认真的研究来寻求答案。

巴克斯特的研究一经传出就立刻引起了科学界的巨大反响，可是在当时，许多科学家认为巴克斯特此举很是令人难以理解，他们表示怀疑，甚至认为这种研究简直有点荒诞可笑。不久之后，一位原先根本不相信植物有"感情"的科学家弗格博士，在一次实验中发现，当植物被撕下一片叶子或受伤时，会产生明显的反应。于是，弗格博士一改原来的观点，在一次科学报告会上指出，植物存在着一种可测量到的"心理活动"。通俗地说，就是植物也会"思考"，也会"体察"人的各种感情，如果在这一领

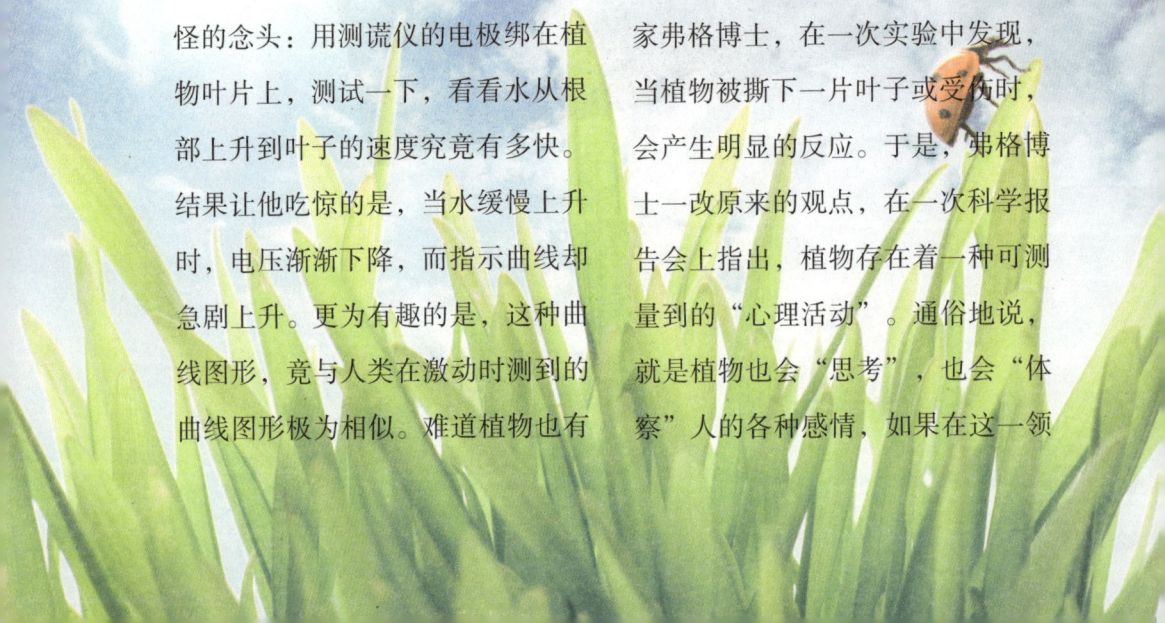

域进行更深入、更广泛研究的话，还可以按照性格和敏感性对植物进行分类，就像心理学家对人类进行分类那样。

与此同时，前苏联科学家维克多，在探索植物"感情"的研究中，也向前迈进了一步。他先用催眠术控制一个人的感情，将处于睡眠状态的试验者右手，通过一只脑电仪，与附近植物的叶子相连。随后，他对试验者说一些愉快或不愉快的事情，使试验者高兴或悲伤。这时，从脑电仪的记录仪中可以看到，植物和试验者居然产生相似的反应。后来维克多还发现，当处于睡眠状态的人高兴的时候，植物便竖起叶子，舞动花瓣；当说起寒冷而使试验者浑身发抖的时候，植物的叶子也会瑟瑟发抖；假如试验者十分悲伤的话，植物也会沮丧地垂下叶子。

这一连串神奇的新发现，使科学家们感到越来越难以理解，如果植物真的有丰富的"感情"，那么，它岂不是也会像人类一样产生活跃的"精神生活"？于是，带着这个疑问，人们对这项研究的兴趣更为浓厚起来。

1973 年 5 月，加拿大渥太华大学生物学博士瓦因勃格，每天对一种叫莴苣的蔬菜做10 分钟超声波处理，结果发现它的长势比没受处理的莴苣要好。后来，美国路易斯安那州的一名研究人员史密斯，故意对大豆播放《蓝色狂想曲》音乐。大约20 天后，听音乐的大豆秧苗重量足足高出未听音乐的大豆

何表达的呢？1983年，美国华盛顿大学两位生态学家奥律斯和罗兹，在研究受害虫袭击的树木时发现，植物在这样的情况下，不仅会产生"恐惧感"，而且还会往空中传播化学物质，对周围邻近的树木传递警告信息。

以上的发现，使我们对植物"感情"的认识大大加深了。最近，英国科学家罗德和日本中部电力技术研究所的岩尾宪三，为了能更彻底地了解植物如何表达"感情"的奥秘，特意制造出一种别具一格的仪器——植物活性翻译机。

秧苗重量的1/4。由此可见，植物喜欢听轻松愉快的音乐，也许正是这类音乐激发起了植物的某种"感情"，从而促使它们加快生长。就算植物有"感情"，可它们又是如

这种仪器非常奇妙，只要连接上放大器和合成器，就能够直接听到植物的声音。

根据大量录音记录的分析发现，植物似乎有丰富的感觉，而且在不同的环境条件下，会发出不同的声音。例如，有些植物声音会随房间中光线明暗的变化而变化，当植物在黑暗中突然受到强光照射时，能发生类似惊讶的声音；当植物遇到变天刮风或缺水时，就会发出低沉、可怕和混乱的声音，仿佛表明它们正在忍受某种痛苦。在平时，有的植物发出的声音好像口笛在悲鸣，有些却似病人临终前发出的喘息声。还有一些原来叫声很难听的植物，受到温暖适宜的阳光照射后，或被浇过水以后，声音会变得较为动听。

随着研究的日益深入，科学家的视野也越来越开阔。可是，尽管有以上众多的实验证据，但关于植物有没有"感情"的探讨和研究，仍然没有得到所有科学家的肯定。可是，不管是有人支持还是有人反对、怀疑，这项研究已成为一门新兴的学科——植物心理学，进入到科学殿堂的大门。当然，也正因为它是一门刚刚诞生的新学科，因此里面便有无数值得深入了解的未知谜题。

葵花向阳开之谜

向日葵，一年生草本植物，高1～3米。茎直立，粗壮，圆形多棱角，被白色粗硬毛。叶通常互生，心状卵形或卵圆形，先端锐突或渐尖，有基出3脉，边缘具粗锯齿，两面粗糙，被毛，有长柄。头状花序，极大，直径10～30厘米，单生于茎顶或枝端，常下倾。总苞片多层，叶质，覆瓦状排列，被长硬毛，夏季开花，花序边缘生黄色的舌状花，不结实。花序中部为两性的管状花，棕色或紫色，结实。性喜温暖，耐旱。早晨，旭日东升，它笑脸相迎；中午，太阳高悬头顶，它仰面相向；傍晚，夕阳西下，它转首凝望。它每天从东向西，始终追随着太阳，因此人们叫它"向日葵"。也有人称

之为"转日莲"和"朝阳花"。

葵花为什么总是向着太阳转呢？很久之前，英国生物学家达尔文就对这个现象发生了兴趣。他发现，种在室内的花草，幼苗出土以后，它的叶子总是朝着窗外探，去沐浴那温暖的阳光。如果把花盆的位置移动一下，叶子又会很快地转过头来，继续探向窗外。他把幼苗的顶芽剪去一小块，幼苗虽然还会朝上长，却再也不会弯向太阳了。于是，达尔文判断，幼苗的顶端肯定有一种奇怪的东西，能使幼苗弯向太阳。

可惜的是，还没等达尔文研究出这个奇怪的东西是什么，他就

去世了。科学家们继续研究，终于在幼苗的顶端找到了一种能刺激细胞生长的东西，也就是现在所谓的"植物生长素"。植物生长素非常的小，从700万个玉米顶芽中提取出来的生长素，也只有一根26厘米长的头发那么重。然而，这种小东西十分有趣，阳光照到哪里，它就从那里溜掉，就好像有意躲着太阳似的。早晨，葵花的花盘朝东，生长素就从向阳的一面溜到背阳的一面，帮助那里的细胞分裂或增长。结果，花盘和茎部背阳的部分长得快，拉长了；向阳的一面长得慢，于是植株就弯曲起来。葵花的花盘就这样朝着太阳打转了。

根据这个解释，美国的植物生理学家们对葵花作了一些测定。他们发现，不管太阳来自何方，在葵花的花盘基部，向阳和背阳处的生长素都基本相等。因而，葵花向阳与植物生长素的含量多少根本无关。那么，葵花为什么始终向着太阳开呢？在这里，我们不妨做一个实验：把葵花种在温室里，然后用冷光也就是日光灯代替太阳光对花盘进行照射。冷光的方向与太阳光一致：早晨从东方照来，傍晚从西方照来。这时，奇

花中含的纤维很丰富，受到阳光照射后，温度升高了，基部的纤维会发生收缩。这一收缩就使花盘能主动转换方向来接受阳光。特别是在阳光强烈的夏天，这种现象更加明显。由此可见，向日葵花盘的转动并不是由于光线的直接影响，而是由于阳光把花盘中的管状小花晒热了，温度上升使花盘向着太阳转动起来。因而，从这个意义上说，向日葵也可以称作"向热葵"。

怪的事情发生了：无论是早晨和傍晚，葵花的花盘都没转动。如果利用火盆来代替太阳，并把火光遮挡起来，花盘就会一反常态，不分白天黑夜，也不管东西南北，一个劲儿朝着火盆转动。

通过许多实验，科学家们对葵花向阳作出了新的解释：在葵花的大花盘四周，有一圈金黄色的舌状小花，中间是管状小花。管状小

科学百花园

向日葵花语的含义

向日葵是俄罗斯的国花。这向往光明之花，给人带来美好的希望。传说古代有一位农夫的女儿名叫明姑，被后娘百般凌辱虐待。一次惹怒了后娘，夜里熟睡之际被后娘挖掉了眼睛。明姑破门出逃，不久死去，死后坟上开着一盘鲜丽的黄花，终日面向阳光，它就是向日葵。向日葵表示明姑向往光明，厌恶黑暗之意，这传说激励人们痛恨暴力、黑暗，追求光明。

花香之谜

花是种子植物的有性繁殖器官。具有繁殖功能的变态短枝。典

型的花，在一个有限生长的短轴上，着生花萼、花瓣和产生生殖细胞的雄蕊与雌蕊。花由花冠、花萼、花托、花蕊组成，有各种颜色，有的长得很艳丽，有香味。比如说桂花，农历八月之时，如果你在公园，就会闻到阵阵浓郁的桂花香。那些缀满枝头的黄色小花竟然散发出如此浓烈的花香，令人流

连忘返。再比如说腊梅，在数九寒天，插一枝蜡梅在案头上，会闻到幽香缕缕，顿时会让人感觉到神清气爽。不过，也有些花没有什么香味，比如喇叭花、菊花等。还有一些花不但不香，还会发出臭味呢！如世界上最大的花——大王花就是臭的。还有我们喜欢吃的香喷喷的糖炒栗子，它是用板栗加工的，而

板栗的花也会散发出难闻的臭味。这种花，不但人类对它们敬而远之，就连蜜蜂和蝴蝶也不愿意接近它们。

为什么有的花香，有的花不香，还有的花发臭呢？关键在于花朵中有没有制造香味的油细胞。这个油细胞制造具有香气的芳香油，这些芳香油可以通过油管不断地分泌出来。同时在一般的温度下还能随水分一起挥发，变成气体而扩散到空气中，使诱人的香气四处飘散，因此人们又叫它挥发油。不同的花儿因为含有的挥发油品种和浓度不同，所以散发出来的香气不同，香味的浓淡也不同。此外，温度适宜，阳光适度，芳香油就挥发得更快，此时的花就会显得更香。花朵中的油细胞，并不都是香的。少数油细胞不制造芳香油，而分泌出臭的挥发油，像上面所说的臭花就是属于这一类。而有的花儿不香，是因为在这些花朵里并没有油细胞，当然就不可能散发出气味。

当然，花朵里的挥发油并不只是为了让我们人类闻闻香气而已。它还可以引来昆虫，帮助它们传送花粉，以便更好地进行繁殖。臭花也有它的崇拜者，那就是酷爱臭味的潜叶蝇。此外，挥发油还可以减少花朵的水分蒸发。它的用途非常广泛，在医药上可以制作成皮肤消毒杀菌剂，还有强心、镇痛、驱虫等功效，还能配制各种香精。

科学百花园

花的种类

常用木本花卉：梅花、桃、牡丹、海棠、玉兰、茉莉花、木笔、紫荆、连翘、、春鹃 杜鹃花、含笑花、白兰花、栀子花 桂花、茉莉花、木芙蓉 腊梅、石榴花、金钟、丁香、紫藤免牙红、银芽柳、山茶花、迎春花。

常用草本花卉：春兰、香堇、慈菇花、紫罗兰、金鱼草、长春菊、福禄考、风信子、郁金香、瓜叶菊、香豌豆、夏兰、石竹、石蒜、荷花、翠菊、睡莲、芍药、晚香玉、万寿菊、千日红 建兰、晚香玉、铃兰报岁兰、慈茹花、香堇、大岩桐、小草兰、瓜叶菊、蒲包花、免子花、入腊红、三色堇、百日草、鸡冠花、一串红、孔雀草、大波斯菊、金盏菊、非洲凤仙花、菊花、非洲菊、观赏凤梨类、射干、非洲紫罗兰、水仙、天堂鸟、炮竹红、菊花、康乃馨、花烛、满天星、非洲菊、天堂鸟、星辰花。

植物睡眠之谜

对于人类来说，睡眠是生活中不可缺少的一部分。经过一天紧张的工作或学习，人们只要美美地睡上一觉，疲劳感就会消除。其实，不止人类，动物也需要睡眠，有的甚至会睡上一个漫长的冬季。除此之外，鲜为人知的是，植物也会睡眠。

每到晴朗的夜晚，只要我们细心观察周围的植物，就会发现一些植物发生了奇妙的变化。比如公园中常见的合欢树，它的叶子由许多小羽片组合而成。在白天舒展而又平坦，可一到夜幕降临时，那无数小羽片就成对成对地折合关闭，好像被手碰过的含羞草叶子，全部合拢起来，这就是植物睡眠的典型现象。有时，我们还会在野外看见一种开着紫色小花、长着三片小叶的红三叶草。它们在白天有阳光时，每个叶柄上的三片小叶都舒展在空中，但到了傍晚，三片小叶就闭合在一起，垂下头来准备睡觉。花生也是一种爱睡眠的植物，从傍晚开始，它的叶子便慢慢地向上关闭，表示白天已经过去，它要睡觉了。除了这些，会睡觉的植物还有很多很多，如含羞草、白屈菜、酢浆草、羊角豆等。

不仅植物的叶子有睡眠要求，而且娇柔艳美的花朵也要睡眠。举例来说，在水面上绽放的睡莲花，当旭日东升的时候，它那美丽的花瓣就慢慢舒展开来，似乎刚从酣睡

中苏醒。而当夕阳西下时，它又闭拢花瓣，重新进入睡眠状态。它这种昼醒晚睡的规律特别明显，因此人们也称其为睡莲。

不同种类的花儿，睡眠的姿态也各不相同。蒲公英在入睡时，所有的花瓣都向上竖起来闭合，看上去好像一个黄色的鸡毛掸。胡萝卜的花，则垂下头来，像正在打瞌睡的小老头。更让人觉得有趣的是，还有些植物的花白天睡觉，夜晚开放。比如晚香玉的花，不但在晚上盛开，而且格外芳香，并以此来引诱夜间活动的蛾子替它传授花粉。

植物睡眠在植物生理学中被称为睡眠运动。植物的睡眠运动会给植物本身带来好处吗？最一开始，

解释睡眠运动最流行的理论是"月光理论"。提出这个理论的科学家认为，叶子的睡眠运动能尽量减少植物遭受月光的侵害，因为过多的月光照射，会干扰植物正常的光周期感官机制，损害植物对昼夜长短的适应。后来，科学家又发现，有些植物的睡眠运动并不受温度和光强度的控制，而是由于叶柄基部中一些细胞的膨压变化引起的。例如，合欢树、酢浆草、红三叶草等，通过叶子在夜间的闭合，可以减少热量的散失和水分的蒸腾，起到保温保湿的作用。特别是合欢树，它的叶子不仅仅在夜晚会关闭睡眠，在遭遇大风大雨袭击时，也会慢慢合拢，以防柔嫩的叶片遭受暴风雨的摧残。这种保护性的反应是对环境的一种适应。

科学百花园

预测地震

土耳其地震学家艾尔江表示，在强烈地震发生的几小时前，对外界触觉敏感的含羞草叶会突然萎缩，然后枯萎。在地震多发的日本，科学

家研究发现，在正常情况下，含羞草的叶子白天张开，夜晚合闭。如果含羞草叶片出现白天合闭，夜晚张开的反常现象，便是发生地震的先兆。如：1938年1月11日上午7时，含羞草开始张开，但是到了10时，叶子突然全部合闭，果然在13日发生了强烈地震。1976年日本地震俱乐部的成员，曾多次观察到含羞草叶子出现反常的合闭现象，结果随后都发生了地震。

第五章

神奇建筑之谜

　　建筑是人们用泥土、砖、瓦、石材、木材、钢筋砼、型材等建筑材料构成的一种供人居住和使用的空间，如住宅、桥梁、体育馆、窑洞、水塔、寺庙等。中国传统的建筑以木结构建筑为主，西方的传统建筑以砖石结构为主。建筑可以从不同角度进行分类：根据建筑材料的不同，可分为木结构建筑、砖石建筑、钢筋水泥建筑、钢木建筑、轻质材料建筑等；根据建筑所体现的民族风格，可分为中国式、日本式、意大利式、英吉利式、俄罗斯式、伊斯兰式、印第安式建筑等；根据建筑的时代风格，可分为古希腊式、古罗马式、哥特式、文艺复兴式、巴洛克式、古典主义式、国际式建筑等；根据建筑流派的不同，分类就更复杂了，仅"二战"后，西方就有野性主义、象征主义、历史主义、新古典主义、新方言派、重技派、怪异建筑派、有机建筑派、新自由派、后期现代空间派等。但是，一般情况下，人们根据使用目的不同将建筑分为住宅建筑、生产建筑、公共建筑、文化建筑、园林建筑、纪念性建筑、陵寝建筑、宗教建筑等。

　　在人类文明发展史上，最初的建筑是为了遮风避雨、防寒祛暑、抵抗残酷无情的自然力，具有很强的实用性。随着科学的发展和社会生活的进步，建筑不仅开始具有了美的性质，有的建筑还让人困惑不已。比如世界闻名的泰姬陵、神秘的北京古城、意大利的比萨斜塔等，这些都成了困惑人们千百年的永恒话题。在这一章里，我们就和你一起走进神秘的建筑世界。

巴特农神庙之谜

巴特农神庙是雅典卫城最重要的主体建筑，是供奉希腊女神雅典娜的最大神殿，巴特农原意为贞女，是雅典娜的别名。此庙坐落在卫城中央最高处，不仅规模最宏伟，庙内还存放着一尊黄金象牙镶嵌的全希腊最高大的雅典娜女神像。它从公元前447年开始兴建，9年后大庙封顶，6年之后各项雕刻也告完成。公元393年，巴特农神庙被改作基督教堂。在土耳其统治时期，它又成了伊斯兰的寺院。公元1687年威尼斯军队炮轰城堡，引爆了土耳其人堆放在神庙里的炸药，把庙顶和殿墙全部炸塌。如今的巴特农神庙庙顶已坍塌，浮雕剥蚀严重，大多已是断墙残垣，而且神殿中雅典守护神雅典娜的巨大金像也早已不知所踪。但从巍然屹立的柱廊中，还可以看出神庙当年的

丰姿。

巴特农神庙的设计代表了全希腊建筑艺术的最高水平。从外貌看，它气宇非凡，光彩照人，细部加工也精细无比。

它在继承传统的基础上又作了许多创新，由此成为古代建筑最伟大的典范之作。它采取八柱的多立克式，东西两面是8根柱子，南北两侧则是17根，东西宽31米，南北长70米。东西两立面山墙顶部距离地面19米，也就是说，其立面高与宽的比例为19:31，接近希腊人喜爱的"黄金分割比"，难怪它让人觉得优美无比。柱高10.5米，柱底直径近2米，即其高宽比超过了5，比古风时期多利亚柱式（三种希腊古典建筑柱式中最简单的一种）通常采用的4:1的高宽比大了不少，柱身也相应颀长秀挺了一些。这反映了多利亚柱式走向古代规范的总趋势。

巴特农神庙并不在雅典卫城的中轴线上，而位于上首右侧。人们从入口处看不见它的正面，只能在一旁的角落发现它。在这长70米，宽30米的空间里，46根环列圆柱构成的柱廊直挺向天，昭示着希腊文明的蓬勃向上永不凋谢。巴特农神

制作的艺术珍品，在公元146年被东罗马帝国的皇帝掳走，在海上失落了。现在人们只能根据古罗马时代的小型仿制品约略想象她的英姿。

巴特农神庙特别讲究"视觉矫正"的加工，使本来是直线的部分略呈曲线或内倾，因而看起来更有弹力，更觉生动。比如，此庙四边基石的直线就略作矫正，中央比两端略高，看起来反而更接近直线，避免了纯粹直线所带来的生硬和呆板。同时，檐部也作了细微调整。在柱子的排列上，也并非全都垂直并列，东西两面各8根柱

殿的雕刻装饰是由当时著名的建筑师和雕刻家菲迪亚斯承担的，菲迪亚斯具有卓越的眼光和气魄，喜欢构图上爆炸性的冲击力。从神殿西山墙中央的人像到最引人注目的排档间饰上都可以领略大师的伟大。神殿的内部分成两个大厅，正厅又叫东厅，厅内原本供奉着菲迪亚斯雕刻的雅典娜神像。身穿战服的雅典娜英姿飒飒地耸立在殿内，主管当时城市的全体生活，雅典人热爱自己的保护神，希望她能给本城带来福祉。在巴特农神庙里，原来还供奉着一尊高达12米的雅典娜女神的雕像。可令人惋惜的是，这座由古希腊最伟大的雕刻家菲迪亚斯精

子中，只有中央两根真正垂直于地面，其余都向中央略微倾斜；边角的柱子与邻近的柱子之间的距离比中央两柱子之间的距离要小，柱身也更加粗壮。同样，内廊的柱子较细，凹槽却更多。山墙也不是绝对垂直，而是略微内倾，以免站在地面的观察者有立墙外倾之感。装饰浮雕与雕像则向外倾斜，以方便观众欣赏。人们至今仍能从饱经沧桑的神庙看出精微矫正的痕迹和出神入化的效果，这真是文明的奇迹。

巴特农神庙在古典建筑艺术中之所以成为典范，不仅仅在于它

的建筑，更重要的是其雕刻。雅典娜巨像现已丝毫不存，据古人的描述，它实为木胎，黄金象牙只起镶嵌作用，大概肌肤用象牙，衣冠武器则贴以黄金。此类贵重的雕像通常是小型的，雅典把它做成12米高的庞然大物，无非是为了显示雅典财富的充盈。神庙浮雕的精美和丰富毫不亚于其雕像。长达160米的浮雕带一气呵成，气韵生动，人物动作完美，历来被认为是希腊浮雕的杰作。

科学百花园

古希腊三大柱式

爱奥尼克式：源于古希腊，是希腊古典建筑的三种柱式之一。其特点是比较纤细秀美，又被称为女性柱，柱身有24条凹槽，柱头有一对向下的涡卷装饰。爱奥尼柱由于其优雅高贵的气质，广泛出现在古希腊的大量建筑中，如雅典卫城的胜利女神神庙和俄瑞克忒翁神庙。

多立克式：多立克柱式是古典建筑的三种柱式中出现最早的一种。在希腊，多利克柱式一般都建在阶座之上，特点是柱头是个倒圆锥台，没有柱础.柱身有20条凹槽，柱头没有装饰。建造比例通

常是：柱下径与柱高的比例是1：5.5；柱高与柱直径的比例是4或6：1。多立克柱又被称为男性柱。著名的雅典卫城的帕提农神庙即采用的是多

爱奥尼克柱式的柱头

多立克柱式的柱头

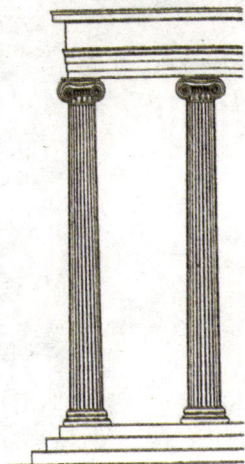
爱奥尼克柱式

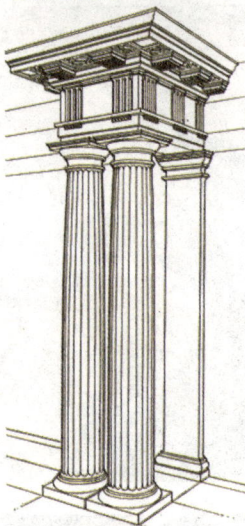
多立克柱式

立克柱式。

科林斯式：科林斯柱式是希腊古典建筑的第三个系统，公元前五世纪由建筑师卡利漫裹斯发明于科林斯，因此命名为科林斯式。它实际上是受爱奥尼亚柱式的一个变体，两者各个

科林斯柱式的柱头

部位都很相似，只是柱头以毛茛叶纹装饰，而不用爱奥尼亚式的涡卷纹。其优点是，在华丽美观之余还可置于建筑物的任何部位，柱头图案呈环绕状，因而适应各种观赏角度，从而在日后的希腊化时期和罗马时期倍受欢迎，成为三大柱式之一。

科林斯柱式

泰姬陵艺术风格流派之谜

泰姬陵，全称为"泰吉·玛哈尔陵"，是印度知名度最高的古迹之一，在今印度距新德里200多千米外的北方邦的阿格拉城内，亚穆纳河右侧。是莫卧儿帝国第五代皇帝沙·贾汗为其宠妻阿柔·巴纽皇后建造的一座陵墓。它由殿堂、钟楼、尖塔、水池等构成，全部用纯白色大理石建筑，用玻璃、玛瑙镶嵌，绚丽夺目、美丽无比。有极高的艺术价值。是伊斯兰教建筑中的代表作。

泰姬陵全长583米，宽304米，四周被红砂石墙紧紧包围。整座陵墓占地17万平方米。陵寝居中，东西两侧各建有式样相同的建筑：一是清真寺，一是答辩厅。陵的四方各有一座高达40米的尖塔，内有50级阶梯。从大门到陵寝之间有一条用红石筑成的雨道，两旁则是人行道，中间还有水池和喷泉，南道末端就是陵墓所在。整座陵墓在一座高7米、长95米的白色大理石底基上，陵高74米，上部为高耸重叠的穹顶，以苍天为背景，轮廓优美典雅；下部为八角形的陵壁，四面各有一扇高达33米的巨大拱门。两边的门框上用黑色大理石镶有《可兰经》。从外表上看，由于整座陵墓由纯白大理石砌成，因此随着晨曦、正午和晚霞三时阳光强和弱的不同，照射在陵墓上的光线色彩也会变幻莫测，呈现出不同的奇光异景。每逢花好月圆之夜，景色就更为迷人。由此可见，泰姬陵确实是一座无与伦比的建筑物。

目前，有关泰姬陵的设计者和艺术风格流派问题，主要有三种说法：一是"伊斯兰波斯说"。近百年以来，《大英百科全书》的作者始终认为，沙·贾汗国王是泰姬陵的建造者。主要设计者是波斯人乌斯泰德·伊萨，由他总揽其事，其中却没有一个印度人参与构思。

二是"欧亚文化结合说"。这一说法的代表人物是英国牛津学派的印度史学家史密斯。他坚持认为，泰姬陵是欧洲和亚洲天才结合的主物。

三是"主体艺术印度说"。坚持这一看法的学者中，最有名望的是印度著名史学家马宗达。他认为：首先，泰姬陵的平面图和主要特点与古印度苏尔王朝舍尔沙的陵墓以及莫卧儿胡马雍的陵墓，在建筑风格上有

前后继承的关系。其次，就建筑材料而言，这一材料及方法早在西印度的拉杰普特艺术中就已存在。最后，考虑到莫卧儿时代对西方已经开放，东西方文化交流比较频繁，西方艺术的某些因素的确对印度建筑风格产生了影响，这是完全符合历史发展逻辑的。

这几派学者的说法各有不同，也各有各的道理。1978年，伦敦一家书店出售了奥克教授撰写的《泰姬·玛哈尔是一座印度教神庙圣殿》一书。此书问世后，世人非常惊讶，于是争端又起。然而，真相到底如何，还有待于学者们新一轮的研究考证。

科学百花园

古兰经中的数字奇迹

《古兰经》的第一句是话是19个字母组成的；《古兰经》的"名"在经中共出现过19次；"安拉"一词在《古兰经》中共出现过2698次，这个数是19的142倍；"大仁的"这一词出现过57次，它是19的3倍；"大慈的"这一词出现过114次，它是19的6倍；

《古兰经》中共提过285个数目字，而285恰是19的15倍；

《古兰经》共有114章，114这个数是19的6倍；

《古兰经》第96章从头到尾，整章由19节经文组成；

《古兰经》中提到的285个数字，把每个数目字所包含的数目加起来，他的和为174591，这个数等于19的9189倍；

《古兰经》第50章第一节是用"戛弗"这个字母开头的，这个字母在这一章里共出现57次，57是19的3倍；

第68章第一节是用"怒呢"开始的，这个字母出现133次，这个数也是19的倍数（7倍）；

第7章、第19章、第38章，这三章的章首皆用"萨德"这个字母开始，而这个字母分别在这三章中都各出现152次，每次都是19的8倍。

西夏陵墙体建筑之谜

位于贺兰山东麓的西夏王陵是西夏王朝的皇家陵寝，在方圆53平方千米的陵区内，分布着九座帝陵，为裕陵、嘉陵、泰陵、安陵、

献陵、显陵、寿陵、庄陵、康陵，坐北面南，按昭穆（古代宗法制度）宗庙次序。左为昭，右为穆；

父曰昭，子曰穆）葬制排列，形成东西两行。有254座陪葬墓，是中国现存规模最大、地面遗址最完整的帝王陵园之一。世人称其为"神秘的奇迹""东方金字塔"。

西夏王陵不仅吸收了唐宋皇陵之所长，同时又受到佛教建筑的影响，使汉族文化、佛教文化与党项民族文化有机地结合在一起，构成了我国陵园建筑中别具一格的形式。西夏王陵每座帝陵陵园均是一个完整的建筑群体，占地面积在10万平方米以上，坐北朝南，平地起建。规模宏伟，布局严整，每座帝

陵都由阙台、神墙、碑亭、角楼、月城、内城、献殿、灵台等部分组成。高大的阙台犹如威严的门卫，耸立于陵园最南端。碑亭位于其后，这里曾停放着用西夏文、汉文刻制的歌颂帝王功绩的石碑。碑亭后是月城，南墙居中 为门阙，经门阙入月城，这里曾置放有文官、武将的石刻雕像。月城之北是陵城，陵城南神墙居中有门阙，经门阙入陵城，陵台偏处陵城西北，为塔式建筑，八角形，

蠹

上下各分为五级、七级、九级不等，外部用砖包砌并附有出檐，为砖木瓦结构。陵台是陵园中的主体建筑。在中国古代传统陵园建筑中陵台一般为土冢，起封土作用，位墓室之上。但西夏陵台建在墓室北10米处，不具封土作用，其形状呈八边七级、五级、九级塔式，底层略高，往上层层收分，是塔式陵台，为夯土实心砖木混合密檐式结构，且偏离中轴线立，这在中国建

筑史上无前例，是党项族的创造。

墙体建筑是西夏陵的重要组成部分，但由于千百年来倒塌损毁严重，已经很难知道它的原貌了。但是随着考古学家对泰陵的发掘，基本搞清了泰陵月城、陵城墙体的结构、形制、体量及装饰。在52米长的月城东墙残基，发现了18对柱洞及草秸泥、红墙皮等遗迹，也发现了大量的板瓦、筒瓦、瓦当、滴水。清理发现，用黄土夯制的墙体厚达2.45米，每间隔3米就在土墙两侧嵌有一对方形木柱。可惜这些起加固和支撑作用的立柱均已荡然无存。令人称奇的是，专业人员还在月城墙体两侧距墙体48厘米的地面上发现两条成行的小水坑遗迹，专业人员认为那是滴水线。根据发现，考古专家认为，此处墙体是在黄土夯筑的外面涂抹了几厘米厚的草秸泥，再涂上赭红色颜料，墙

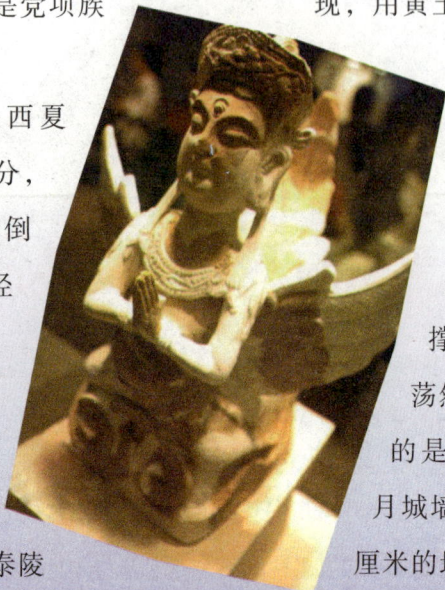

脊上建有人字形屋顶并铺砌板瓦、筒瓦、瓦当、滴水，从两条滴水线相距3.41米来看，这个顶部建有出檐复瓦并饰以其他建筑构件的红色墙体是十分雄伟壮观、庄重典雅、威严肃穆的。

在泰陵中，月城和陵城都是以神墙作为主要建筑标志的。如今，这些神墙虽然残高尚有2米左右，但都已变成断垣残壁。墙基堆满了瓦砾和泥土，令人难以窥测它原来的样子。但是，这次的清理却彻底揭开了神墙的秘密。原来，不论是月城还是陵城，墙体都直接筑在原有的沙砾碎石之上。这种土墙，是用长约3米的木板两面夹住，中间用黄土夯筑，每层夯土厚度多在10厘米以内。墙体夯筑完成后，再在上面抹上1至2厘米厚的草秸泥皮，然后再涂上半厘米厚的赭红泥皮。这样，陵区神墙全是一片红色。尤其令人欣喜的是，专业人员还在墙根两侧不足半米处发现了成排的小

坑，原来那是滴水线。据此，专业人员不仅推断出了墙体的高度，而且还断定出神墙顶部有覆瓦出檐。而墙体两侧至今可见的凹槽，原是放置支撑上部建筑物的木柱的。之所以将木柱置于凹槽之内，是因为这样既能用墙体保护木柱，又使墙体保持一致、美观大方。相当长一个时期以来，西夏陵一带年均降雨只有200毫米左右。历史上，这一带降雨也很少。而两侧滴水线上的滴水坑窝径竟有2到3厘米。由此可见，墙体上部建筑在被毁前曾有相当长一段完好的历史。上部建筑对墙体不仅具有良好的保护作用，而且具有很好的装饰作用。

在泰陵中，高达20多米、底部周长达118米、直径有37.5米的陵塔是最引人注目的建筑。它用黄土夯筑成实心土台，外形酷似一个布满小孔的窝窝头。仔细观察，它好像又呈八角形，并且从下往上可

分为七级。因此，有专家认为，它可能是八角、七级实心佛塔。 在这次发掘的前一阶段，专业人员在角阙墙基均发现了包砖。于是有人推测，陵塔底部可能也有包砖。经过考古学家的发掘，结果在泰陵内城东南角阙处意外地发现了五个相互连接的圆形夯土墩台，其底部均用契形砖包砌且相当规整完好，包砖最高的地方尚有1.8米。专家认为，此处应为实心的象征性建筑，土墩台上可能建有高低错落的五座塔式建筑。这种建筑风格与中原地区区别明显。这说明西夏文化除吸收中原汉唐文化的营养之外，还深受中亚民族文化的影响。然而，在2001年9至10月份进行的第四阶段清理中，对陵塔四周进行了重点清理，竟未发现任何包砖的痕迹，而且底面呈相当规整的圆形，并不是有人想象的八角形。在基础部分还发现了残留的墙皮。这些墙皮厚达2到4厘米，是掺有白灰的草秸泥，而且其外面还有半厘米厚的赭红泥皮。这些发现，使人们不得不对陵塔有个重新认识。至少，八角形之说可能站不住脚了。

因此，陵塔的形状究竟如何，直到今天仍是一个未解之谜。

米诺亚古王宫之谜

在距今约3500年前的希腊克里特岛上，考古学家发现了四座米诺亚时代的王宫遗址。分别是法托斯宫、诺萨斯宫、马利阿宫和萨克罗斯宫。这四座宫殿在建筑上有许多相似之处，比如说每座宫殿都有一个中心庭院，附近有宽阔的院落，中心庭院四周建有储藏室、工场、档案室、祭祀室、接待厅和国务办公厅等。

各宫殿部分两翼，东翼是豪华房间，供上层人士居住；西翼则为储藏室或祭祀室。但各宫的建筑又各具特色，有的修有极华丽的扶梯，有的有装备水龙头的浴室和卫生间，有的还配有建筑技术很高的圆形游泳池，有的还建有带看台的斗牛场。四座王宫都建在城市中心，形成规模宏大的王城。其中以诺萨斯宫规模最大，人口稠密，占地75顷房屋建筑鳞次栉比，错落有

致。四周是方砖围墙，形成一个独立王国。

对于米诺亚社会的形成，在长达几千年的传说中不免蒙上一层神奇的色彩。有人说宙斯之子米诺亚和欧罗马曾是这块乐土的统治者。但使人意想不到的是，盛极一时的米诺亚王国在公元前1450年左右的一次灾难中彻底地给毁灭了。对于米诺亚社会毁灭的原因，至今仍众说纷纭。一说内部关系紧张，发生了内战或叛乱，结果同归于尽。二说可能是希腊的迈锡尼人入侵导致杀人毁城。三说是由于火山爆发造成的。三种说法各执一词，至今仍无定论。

米诺亚社会是如何毁灭的？人们期待着早一天解开这个谜。

比萨斜塔倾斜之谜

比萨斜塔位于意大利托斯卡纳省比萨城北面的奇迹广场上的比萨大教堂的后面，它是比萨城的标志。钟楼始建于1173年，设计为垂直建造，但是在工程开始后不久便由于地基不均匀和土层松软而倾斜，1372年完工，塔身倾斜向东南。由于比萨斜塔对11世纪至14世纪意大利的建筑艺术曾经产生了巨大的影响，因此它被联合国教育科学文化组织评选为世界遗产。

毫无疑问，比萨斜塔是世界建筑史上的一各奇迹。在发生严重的倾斜之前，它大胆的圆形建筑设计已经向世人展现了它的独创性。虽然在更早年代的意大利钟楼中，采用圆形地基的设计并不少见，类似的例子可以在拉文纳、托斯卡纳和

的测量、使用各种先进设备对地基土层进行的深入勘测，以及对历史档案的研究，一些事实逐渐浮出水面：比萨斜塔在最初的设计中本应是垂直的建筑，但是在建造初期就开始偏离了正确位置。

比萨斜塔之所以会倾斜，是由于它地基下面土层的特殊性造成的。比萨斜塔下有好几层不同材质的土层，是由各种软质粉土的沉淀物和非常软的粘土相间形成，而在

翁布里亚找到。但是，比萨钟楼被认为是独立于这些原型，在更大程度上，它是在借鉴前人建筑经验的基础上，独立设计并对圆形建筑加以发展，形成了独特的比萨风格。

关于比萨斜塔为什么会倾斜的原因，专家们曾争论不休。尤其是在14世纪，主要存在两种论调：一种说法认为比萨斜塔是建造过程中无法预料和避免的地面下沉累积效应的结果；一种说法认为比萨斜塔是建筑师有意而为之。进入20世纪，随着对比萨斜塔越来越精确

深约一米的地方则是地下水层。这个结论是在对地基土层成份进行观测后得出的。最新的挖掘表明，钟楼建造在了古代的海岸边缘，因此土质在建造时便已经沙化和下沉。

根据现有的文字记载，比萨斜塔在几个世纪以来的倾斜是缓慢的，它和地基下方的土层实际上达到了某种程度上的平衡。在建造的第一阶段第3层结束时，钟塔向北倾斜约1/4°，在第二阶段由于纠偏过度，1278年第7层完成时反而向南倾斜约0.6°，1360年建造顶层钟房时增加到1.6°。1817年，两位英国学者Cresy和Taylor用铅垂线测量倾斜，那时的结果是5°。1550年Giorgio Vasari的勘测与1817年Cresy和Taylor的勘测之间相隔267年，倾斜仅增加了5厘米。因此，人们也没有对斜塔进行特意的维修。然而1838年的一次工程导致了比萨斜塔突然加速倾斜，人们不得不采取紧急维护措施。当

时建筑师在原本密封的斜塔地基周围进行了挖掘，以探究地基的形态，揭示圆柱柱础和地基台阶是否与设想的相同。这一行为使得斜塔失去了原有的平衡，地基开始开裂，最严重的是发生了地下水涌入的现象。这次工程后的勘测结果表明倾斜加剧了20厘米，而此前267年的倾斜总和不过5厘米。1838年的工程结束以后，比萨斜塔的加速倾斜又持续了几年，然后又趋于平稳，减少到每年倾斜约1毫米。

当然，最关心斜塔命运的自然是比萨人，尽管他们也对斜塔的倾斜感到担忧，但更多的是骄傲和自豪，为自己的故乡拥有一个自认为可与世界上著名建筑媲美的斜塔而感到自豪。他们坚信它会像比萨人一样健壮结实，永远不会倒下去。

谜 底

科学百花园

罗曼式建筑风格

　　所谓"罗曼式风格"，指的就是欧洲从卡洛琳王朝后期的9世纪到12世纪左右的建筑风格。因采用古罗马式的卷、拱而得名。罗曼式建筑以教堂为主。主要特征是厚实的砖石墙、窄小的窗口、半圆形拱卷、逐层挑出的门框装饰和高大的塔楼。罗曼式建筑具有以下特征：（1）横殿和长方形教堂教堂相交构成十字。（2）连拱廊。（3）罗曼式的教堂大都采用带厢堂长殿式结构。（4）筒形拱顶、横筒形拱顶、十字拱顶。（5）罗曼式教堂大门，装潢非常考究，大门都采用拱门形式，通常用石头做材料，在石门上凿出一个拱卷，一个套一个拱卷由表入里，一个比一个小，最里层式木制大门。（6）小圆窗。

美洲金字塔来源之谜

墨西哥城以东90千米的乔卢拉有一座当今世界上最大的金字塔，它分5次建造而成，一次比一次扩大。这座金字塔高达64米，边长为350米，总体积比埃及的胡夫金字塔还要大15%，是金字塔中的"巨人"。在墨西哥南部与危地马拉相接壤的巴林坎，有一座"铭记神庙"金字塔，塔里面有一块雕刻精致、重达5吨的大石板。在对石板上的象形文字进行破译解读后，发现该金字塔原葬有一个名叫帕卡尔的大祭司。在该金字塔内，还发现了一副用来覆盖死者脸的玉雕面具。这些重大发现，改变了人们认为美洲金字塔只用于祭祀而不作陵墓之用的错误看法。

在危地马拉北部，坐落着蒂卡尔金字塔群，其中有五座金字塔是大型的，最高一座共9层逾70米，加上塔顶14米高的庙，成为美洲金

看，埃及金字塔造型规整、巍峨挺拔，而美洲金字塔造型奇特、雄伟壮观。不过，美洲金字塔不是国王的坟墓，而是万民景仰的太阳神庙。有些美洲金字塔里虽然也有墓穴，但是据考证，这些墓穴并不是与金字塔同时建造的，而是后来从外面迁移增设进去的。由于美洲金字塔与埃及金字塔具有很多相似之处，据此有的学者推断美洲金字塔是埃及金字塔的复制品。有人指出，美洲金字塔在很大程度上来源于非洲，与非洲金字塔有很深的渊源。这类人认为，美洲金字塔和非洲金字塔属同一文化范畴，且前者是受后者影响的产物。之所以如此说主要有两个依据：一是被称为"铭记的神庙"的帕伦克金字塔就

个子"。另外，考古学家在巴西的原始森林中、佛罗里达北部40英里的海洋深处以及神秘的百慕大海底，也发现了各种奇妙的金字塔。

面对如此众多的美洲金字塔，人们不禁产生了一个疑问：这些金字塔到底从何而来？虽然有些金字塔的来源以及其神秘之力已得到破译，但大多数金字塔对于大多数人来说仍然非常神秘。从外观上

是一座埋葬帕伦克统治者的墓穴，
且墓穴结构及其墓葬品反映了美洲
金字塔和非洲金字塔在文化上有其
共性，例如相似的宗教信仰和等级
森严的社会结构等。二是非洲、美
洲两地的金字塔都是立体四棱形，
外观上有相近之处。再者，根据推
断，数千年前埃及人可能曾经横渡
大洋到达美洲，从而将古老的非洲
大陆文化传到美洲新大陆。

可是，上面所提到的两种观点
很难让人信服。事实上，美洲的
金字塔与埃及的金字塔在很多方面
都有着极大的区别。首先，埃及的
金字塔是国王法老的陵墓，而美洲
金字塔是僧侣、贵族用以进行宗教
祭祀和举行盛大典礼的场所，它往
往是一种祭坛或者是神庙的一个大
土台。其次，埃及金字塔是尖顶，
而玛雅人的金字塔都有平顶或有平
台，它们层层迭起向上逐渐缩小，
有四五层至十几层不等。塔的东西
两侧或四周为陡峭的石阶，拾级而
上可登塔顶。在宽阔的塔顶上，有

些还建有神庙，供祭祀天神之用。再次，时间上也有所不同。埃及金字塔最早建于公元前27世纪埃及第三王朝时期。美洲金字塔则是古代印第安人在祭神活动中逐步发展起来的。此外，美洲的金字塔与埃及的金字塔在外形上也有差异。一个是四棱锥形，塔身仅一面有入口处，直通墓穴；而另一个是四棱台形，塔身分成若干截，正面有台阶。由此可见，美洲金字塔无论在性质和造型上还是在建造时间上都与非洲金字塔有很大的出入不同。实际上，美洲金字塔是当地土著居民在其世代生息的土地上创造的古老文明的杰出象征，它不是外来文化的延伸，更不是外来文化的翻版，把美洲金字塔说成是埃及金字塔在美洲的翻版根本没有任何科学依据。

美洲金字塔是美洲古老文明最具体的展现，反映了不同时代和地区的古印第安人的政治、经济和文化，并代表了不同时期印第安文化的特点与风貌。它也像埃及金字塔一样，千百年来，引起了不少学者的研究兴趣。然而，美洲金字塔也有许多难以解开的疑谜，诸如建造年代、施工方法、以及与埃及金字塔究竟有无联系等，这些都还有待于后来学者的进一步探讨。

科学百花园

太阳金字塔和月亮金字塔

　　太阳金字塔和月亮金字塔是印第安人阿兹特克文化特奥蒂瓦坎古城遗迹的主要组成部分。它坐落在墨西哥城东北40千米的波波卡特佩尔火山和依斯塔西瓦特尔火山山谷间，面积20多平方千米。"特奥蒂瓦坎"在印第安语中的意思是"众神之都"。

　　太阳金字塔建于公元2世纪，呈梯形，坐东朝西，内部以250万吨泥土和沙石堆建而成，外表铺砌和镶嵌着巨大的火山石，石头上雕刻着

五彩缤纷的图案。塔体100万立方米，分5层，高65米，正面共有236级台阶，可直通塔顶。塔顶曾有一座10米高的太阳神庙，是古印第安人祭祀太阳神的地方。

月亮金字塔比太阳金字塔晚建约200年，坐北朝南，塔体38万立方米，分4层，高46米，200多级的阶梯直通顶端，每一步梯级倾斜角度都不一样，耐人寻味。外部叠砌的石块上绘有色彩斑斓、带羽毛项圈的蛇头和用玉米芯组成的象征雨神的许多壁画，塔前的宽阔广场可容纳上万人。